나를 지키는 법, 내가 고치는 법

나를 지키는 법, 내가 고치는 법
청소년을 위한 법 설명서

© 청소년활동기상청 활기, 2021

2021년 3월 28일 처음 펴냄
2023년 7월 12일 초판 2쇄 펴냄

기획	청소년활동기상청 활기
글쓴이	공현, 김경빈, 난다, 둠코, 조영선
감수	강정은, 김희진
기획·편집	서경, 이진주
출판자문위원	이상대, 박진환
디자인	더디앤씨 www.thednc.co.kr
제작	세종 PNP

펴낸이	김기언
펴낸곳	교육공동체 벗
이사장	조성실
사무국	최승훈, 이진주, 설원민, 서경, 공현
출판등록	제2011-000022호(2011년 1월 14일)
주소	(03971) 서울시 마포구 성미산로1길 30 2층
전화	02-332-0712
전송	0505-115-0712
홈페이지	communebut.com
카페	cafe.daum.net/communebut

ISBN 978-89-6880-147-1 43360

나를
지키는 법,
내가
고치는 법

청소년을 위한 법 설명서

교육공동체벗

* 모든 청소년이 '부(아버지)', '모(어머니)'와 함께 사는 것도 아니고, 여러 가지 다양한 가족 형태나 상황이 있을 수 있다. 따라서 보호자나 친권자 등의 명칭을 쓰는 것이 더 보편적이겠으나 아무래도 딱딱하게, 낯설게 느껴지기도 한다. 이 책에서는 절충안으로 부모·보호자라는 명칭을 쓰고 법 설명에 필요한 경우 친권자나 후견인 등의 표현을 함께 사용하였다.

* 청소년에 관한 법은 각 법마다 청소년을 이르는 표현(청소년, 미성년자, 아동 등)과 연령 기준이 다르다. 이 책에서는 특별히 구분해서 불러야 할 경우를 제외하고는 청소년이라는 명칭을 쓰겠다.

* 중등학교는 중학교와 고등학교를 가리키는 개념이다. 초·중·고에 가장 기본적으로 적용되는 법률의 이름도 〈초·중등교육법〉이다. '고등교육'은 대학교나 대학원 등에서의 교육을 가리킨다.

* 돈을 주고 노동자를 고용하는 사람은 사용자, 고용자, 업주 등 여러 이름으로 불린다. 여기에서는 일상에서 자주 사용하는 '사장'을 기본 명칭으로 하고, 맥락에 따라 고용자, 기업, 사측 등의 명칭을 썼다. 또한 일을 하는 사람, 노동자도 근로자, 직원 등 다양한 이름으로 불린다. 마찬가지로 일하는 사람임을 분명히 나타낼 수 있는 '노동자'를 기본으로 사용하고, 맥락에 따라 근로자, 직원 등의 명칭을 사용했다.

삶을 가로막는 법이 아니라 살아갈 힘을 주는 법을 상상한다

우리는 살면서 언제 '법'을 만날까? 법은 왠지 어렵고 딱딱하다는 인식이 있다. 일상생활과는 거리가 멀게 느껴지기도 한다. 특히 청소년들은 교과서나 책, 시험 문제로만 법을 접하는 경우가 많다. 헌법에서는 "모든 권력은 국민으로부터 나온다"고 하는데 정작 그 권력이 행사되는 방식이자 기준인 법은 청소년의 삶과 동떨어져 있는 듯하다.

하지만 청소년의 일상은 법과 촘촘히 연결되어 있다. 두발·복장 규제나 체벌과 같이 학교에서 겪는 인권 침해들, 시험 성적으로 학생들을 줄 세우고 차별하는 교육, 학교 밖 청소년이라는 이유로 겪는 소외, 청소년 야간 출입을 금지하는 곳이 점점 늘어나 밤 10시가 되면 집 말고는 갈 곳이 없는 상황, 부모·보호자 동의 없이는 내 명의로 된 통장 하나 만들 수 없는 것 등……. 청소년들이 부딪히는 여러 불편하고 부당한 일들은 우리 사회의 법들과 떼려야 뗄 수 없는 관계다.

우리는 청소년인권운동을 하며 자연스럽게 법과 청소년의

관계에 대해 알게 되기도 했고 "청소년, 법을 탐探, 眈하다"라는 제목의 강좌를 통해 새롭게 배우기도 했다. 2013년에 진행된 이 강좌는 청소년운동의 활동 기반을 만들기 위해 꾸려진 단체 청소년활동기상청 활기(이하 활기)가 기획한 사업이다. 활기는 어렵고 멀게 느껴지지만 우리가 자주 부딪히게 되는 여러 법들과 가까워질 필요가 있다고 생각해 이 강좌를 기획했다. 우리가 변화를 만들어내는 과정에서 법의 힘을 빌리기도 하고 법에 맞서 싸우기도 하기 때문이다. 그래서 법의 기본 체계와 제·개정 절차 등을 알아보고 여러 관련 법 속에 놓인 청소년의 위치와 법이 미치는 영향을 짚어 보고자 했다. 청소년들이 겪는 문제 상황에서 무슨 법을 어떻게 활용할 수 있을지, 청소년인권이 보장되는 사회를 만들기 위해 무슨 법이 어떻게 바뀌어야 하는지 함께 탐구하는 시간이었다.

　이 책은 강좌 이후 써 낸 〈살리는 법, 죽이는 법, 버티는 법 - 청소년을 위한 법 사용 설명서〉를 바탕으로 만들어졌다. 우리 사회는 청소년들에게 법을 잘 지켜야 한다는 것은 가르치지만, 법이 우리의 일상과 어떤 관계가 있고 왜 법을 배워야 하는지에 대해서는 잘 알려 주지 않는다. 그러다 보니 기존에 만들어진 법이 잘못되었다면 법을 새로 만들고 바꿀 수 있다는 사실 또한 쉽게 상상하지 못한다. 《나를 지키는 법, 내가 고치는 법-청소년을 위한 법 설명서》라는 제목에는 이 책에서 말하고자 하는 내용, 즉 법이 청소년의 권리를 지키고 보장하기도 하지만 고치고 바꿀 수도 있다는 뜻을 담았다. 법이란 우리 사회가 가진 최소한의 합의를 반영한 것이다. 민주주의 사회에서는 잘못된 법을 바꿀 수도 있어야 하고 대로는 새로운 법을 만들 수도 있어야 한다. 2010년, 학생인권 운동을 통해 「경기도학생인권조례」를 시작으로 여러 지역에서 학생인권조례가 제정되었고 2019년, 청소년 참정권 운동의 결실로 선거법이 바뀌어 선거권 연령이 하향되었으며 2021년, 체벌 금지 운동의 성과로 「민법」 제915조(징계권)가 삭제된 것처럼 말이다.

책을 읽으며 법이 청소년의 자유와 권리를 보장하기도 하지만 가로막고 금지하는 경우도 많다는 것을 알 수 있을 것이다. 하지만 현재의 법이 이렇다 해서 그 테두리 안에 머물러야만 하는 것은 아니다. 청소년의 삶을 가로막는 법의 문제점을 알고 여러 사람들과 힘을 모아 법과 사회를 바꾸는 활동을 할 수도 있다. 혹은 당장 실천은 어렵더라도 자신의 삶과 관련된 법의 내용과 맥락을 알고 이해하는 것만으로도 작은 힘이 될 수 있다. 지금 현실에서 법은 때때로 청소년의 권리를 과도하게 제한하는 수단으로 이용되고, 사회적 약자로서 청소년들이 겪는 차별과 억압을 충분히 방지하지 못하고 있다. 그럼에도 청소년은 자기 삶의 주인이며 이 사회의 시민으로서 권리를 누려야 할 존엄한 존재라는 점을 강조하고 싶다. 이 책을 통해 세상의 부조리함에 맞서 살아갈 힘을 주는 법을 조금이라도 상상하게 되길 바란다.

2013년 당시 활기에서 "청소년, 법을 탐하다" 강좌를 기획하고 강사로 참여한 활동가들, 강좌는 물론 이후에 이어진 간담회와 〈살리는 법, 버티는 법, 죽이는 법-청소년을 위한 법 사용 설명서〉 발간 과정까지 함께하며 고민과 경험을 나눠 준 청소년들과 청소년운동 활동가들, 여러 활동과 사업으로 바쁜 와중에도 묵묵히 책 출간 작업을 챙기고 원고를 쓴 담당 활동가들, 최종 원고를 감수한 변호사들, 마감이 미뤄짐에도 끝까지 함께해 준 편집부가 있었기에 이 책이 만들어질 수 있었다. 무엇보다도 이 책을 선택해 준 독자 여러분에게 미리 감사의 인사를 전한다. 이 책이 법이라는 틀을 통해 청소년의 삶을 바라브고, 청소년인권의 관점으로 법을 해석함으로써 우리 사회의 변화를 만드는 데 작은 기여가 되길 기대한다.

2021년 3월,
저자들을 대신하여 난다 씀

목차

정치는 어른들만 할 수 있나　220
공직선거법과 참여권

I.

청소년은
독립할 수 없는가
민법과 아동복지법

부모·보호자가 청소년에게 가지는 권한은 뭐지?

청소년은 혼자서 은행에 계좌를 만들 수 없나?

통장에 넣어 둔 세뱃돈을 부모님이 가져갔는데, 이래도 되는 건가?

내가 산 물건을 부모님이 마음대로 환불할 수도 있는 건가?

청소년은 휴대전화를 개통할 수 없나?

가출은 불법인가?

자발적인 가출, 룸메이트가 처벌받을 수도 있나?

부모가 때리거나 함부로 대할 때는 어떻게 해야 할까?

스스로 독립하거나 다른 보호자를 선택할 수는 없나?

청소년이 법을 이용하려 하거나 법적인 문제를 다루려고 할 때면, 먼저 마주하곤 하는 장벽이 있다. 바로 '법정대리인', 좀 더 흔하게 듣는 말로는 '부모'나 '보호자'의 동의를 요구받는 것이다.

많은 청소년들은 부모·보호자에게 생활을 의지하며 살아간다. 사회에서도 청소년들이 부모·보호자의 보호와 감독 아래에 있어야 한다고 여긴다. 법에 관련해서도 마찬가지다. 많은 법들이 청소년을 부모·보호자에게 속해 있는 존재로 간주하고 있다. 소송을 하거나 계약을 맺는 등 법에 관련된 행위를 하려 할 때면 부모·보호자를 거쳐야 하는 경우가 적지 않다.

가정은 대부분의 청소년들이 살아가는 기초적인 삶의 터전이다. 게다가 한데 많은 법들은 부모·보호자와 청소년 사이를 특수한 관계로 정하고 있다. 청소년들이 법적 권리를 행사할 때를 비롯하여 여러 상황에서 부모·보호자에게 의지해야만 하게 하고 있다. 이는 청소년들의 사회적·법적 지위에 강력한 영향을 미치고 있는 요소이다. 따라서 가정에서의 청소년의 법적인 권리나 제약을 알아 두고 어떤 문제가 있는지에 대한 이야기부터 시작해 보고자 한다.

이 부에서는 부모·보호자와 청소년 사이의 관계를 정하는 법 그리고 가정 내에서 적용되는 법에 대해서 알아본다. 청소년이 세뱃돈을 모아 놓은 것을 부모가 마음대로 써도 될까? 청소년은 휴대전화를 혼자서 계약해서 쓸 수 있을까? 청소년은 자신이 원해도 독립할 수 없는 것일까? 이와 같은 질문을 던지면서, 청소년이 가정 안팎에서 생활하면서 알아 두면 좋을 법적 지식을 소개한다. 가족 안에서 청소년이 겪을 수 있는 폭력이나 아동학대의 문제를 다루는 법령도 소개한다. 막연하게 청소년이 부모·보호자에게 좌우될 수밖에 없는 입장이라고 생각하기브다는, 법 제도에 대해 이해하고 현재에도 가능한 것과 바람직한 가족 관계를 위해 개선되어야 할 문제를 생각해 볼 수 있다면 좋겠다.

나이 어린 사람들을
부르는 여러 가지 이름
미성년자, 청소년, 아동

'미성년자未成年者'란 '아직 성인의 나이가 되지 않은 사람'을 뜻한다. 성인, 어른과 대비되어 정해진 개념이다. 법에서의 '아동'이나 '청소년' 같은 개념 역시 연령상 성인이 되지 않은 나이의 사람들을 이르는 말이란 점은 같다. 「민법」, 「공직선거법」 등에서는 미성년자라는 말이 쓰이고, 「청소년 보호법」이나 「청소년복지 지원법」에서는 청소년, 「아동복지법」, 「유엔아동권리협약」 등에서는 아동이라는 말이 쓰인다. 그 연령 기준은 분야와 법마다 다르다. 「민법」은 만 19세 미만의 사람을 미성년자라 정의한다. 「청소년 보호법」은 만 19세가 되는 해의 1월 1일을 맞이하기 전의 사람을 청소년으로 정의한다. 「아동복지법」은 만 18세 미만의 사람을 아동으로 정의한다. 「유엔아동권리협약」도 기본적으로 만 18세 미만인 사람을 아동으로 보지만, 취지상 '성인 연령에 도달하지 않은 사람'을 아동으로 본다고 할 수 있다. 이러한 사람들은 법적·사회

적으로 특별한 지원을 받기도 하지만 거꾸로 권리를 제
한당하기도 한다.

아동의 권리를 지키기 위한
나라들의 약속
유엔아동권리협약

유엔 「아동의 권리에 관한 협약」(「유엔아등권리협약」)
은 1989년 국제연합(유엔ᵁᴺ)이 채택한 국제 협약이다.
2020년 기준 전 세계 196개국이 비준하여, 국제 인권 협
약 중 가장 많은 국가들이 비준했다. 한국은 1991년 비준
하여 협약에 가입했다. 「유엔아동권리협약」에는 아동의
사상의 자유, 사생활의 자유, 표현의 자유, 집회의 자유,
참여권 등 시민적·정치적 권리 그리고 교육권, 발달권,
건강권, 놀 권리 등 경제적·사회적·문화적 권리 등이 두
루 명시되어 있다. 가입한 국가는 정기적으로 유엔아동
권리위원회에 협약 이행 보고서를 제출하고 심의와 권고
를 받아야 한다.

부모·보호자가
청소년에게
가지는 권한은 뭐지?

전 요즘 부모님과 자주 다투고 있어요. 밤 8시까지 무조건 집에 오라고 하고 휴대전화나 컴퓨터 사용도 모두 감시하는 등 생활에 대한 간섭이 너무 심해서요. 싸우던 도중에 부모님이 법에 따라서 미성년자이니 부모의 말을 따라야 한다고, 그게 자기들의 권한이라고 하더라고요. 제가 집을 나가서 혼자 살고 싶다고 하니까 그것도 부모 동의가 없으면 안 된대요. 정말 그런 게 법에 정해져 있나요?

「민법」에 미성년자는 여러 법률행위에 법정대리인의 동의가 있어야 한다는 내용이 있습니다. 또한 「민법」의 친권 조항에는 부모·보호자의 자녀에 대한 권리나 의무 등이 적혀 있지요. 가족 안에서 부모·보호자와 청소년 자식 사이의 관계, 청소년의 경제 행위나 계약 등의 문제, 가출이나 독립 등의 법률적 문제를 알기 위해서는 「민법」의 관련 조항부터 살펴봐야 하는 이유입니다.

「민법」은 개인 간의 관계에서 일어나는 일에 대해서 규율하는 법이다. 물건을 사고파는 것과 같은 동등한 개인 간의 여러 거래나 계약, 가족에 관련한 기본적인 사항들도 「민법」에 담겨 있다. 우리가 살아가면서 물건을 사거나 서비스를 이용하는 많은 관계들이 「민법」에서 말하는 법률행위이다.

그런데 「민법」에서는 완전한 법률행위를 하지 못할 것이라고 예측되는 사람들을 '제한능력자'라는 이름으로 재산과 관련된 문제에서 특별히 보호하고 법률행위에 여러 제한을 두고 있다. 「민법」상의 거래나 계약의 원칙은 동등한 관계에서 맺는 것이다. 그런데 현실에서는 동등하지 못한 관계어서, 제대로 의사를 표시하지 못하고 계약을 맺는 상황이 벌어진다. 계약의 내용을 제대로 이해하지 못한 채로 또는 협박이나 강압을 당해서 계약을 맺을 수도 있는 것이다. 이러한 법률행위는 아예 무효이거나 취소될 수 있다. 이런 일을 막기 위해 「민법」은 제한능력자 제도를 두고 있다. 대표적인 예가 '미성년자'이고, 질병이나 고령으로 인해 판단력이 충분하지 않다고 판결을 받은 사람들도 제한능력자가 될 수 있다.

「민법」에 따라 미성년자, 청소년은 법정더리인을 두게 되어 있다. 법정대리인은 본인의 의사와는 상관없이 '법'이 '정'해 준 대리인이다. 보통은 부모·보호자가 법정대리인이 된다. 즉, 청소년의 법률행위를 대리하고, 법정대리인의 동의가 없는 법률행위를 취소시킬 권한을 가지게 된다.

부모·보호자는 법정대리인의 권리뿐만 아니라 좀 더 넓은 의미에서 '친권'도 가진다. 법은 친권을 '미성년자인 자녀에 대해서 미치는 신분, 재산상의 권리 및 의무'로 규정하고 있다. 부모·보호자는 법정대리인이자 친권자로서 미성년자 자식인 청소년의 재산을 관리할 수 있으며, 자녀가 어디에서 거주할지를 지정하는 거소지정권, 청소년을 보호하고 교양할 의무 등을 가진다. 따라서 부모·보호자는 청소년이 집을 떠나 나가서 살지 못하게 할 수도 있고, 학교에서의 여러 일을 비롯해 각종 법적·행정적 문제에서 대리인으로서 동의를 해 주고, 청소년이 자신의 재산을 쓰지 못하도록 하며 대신 관리할 수도 있다. 청소년의 생활에 폭넓게 간여하는 것도 친권의 범위에 든다고 할 수 있다.

이러한 법정대리권이나 친권은 본래 청소년을 보호하기 위해서, 청소년의 이익을 위해서 만들어진 제도이다. 상대적으로 사회적·경제적·법적 약자의 처지가 되기 쉬운 청소년들을 경제적 착취나 사기 등으로부터 보호하기 위한 것이다. 그러므로 법정대리인이 청소년의 이익에 어긋나게 재산을 부당하게 사용하거나 권리를 남용해선 안 된다. 학대나 방임 등으로 청소년의 인권을 침해해서도 안 된다. 그런 경우 정부나 법원에서 제재를 가할 수도 있다. 하지만 어디까지가 '보호'이고 '이익'인지, 어디서부터가 '남용'이고 '학대'인지는 모호하고, 부모·보호자의 재량이 지나치게 넓게 인정되고 있는 실정이다.

과거에는 친권을 부모·보호자가 자식에 대하여 가지는 권리, 삶에 대한 포괄적 지배권으로 보는 시선이 주류였다. 부모·보호자에 의한 사생활 침해나 체벌 등의 폭력, 각종 인권 침해가 용인된 것도 이러한 친권에 대한 이해 때문에 가능했다. 그러나 시간이 흘러 청소년의 인권에 대한 인식이 높아지면서, 친권을 부모·보호자의 권리보다는, 청소년을 보호하고 양육하는 의무로 이해하는 의견이 좀 더 힘을 얻고 있다. 「유엔아동권리협약」 제18조는 "부모 또는 후견인은 아동의 양육과 발달에 1차적 책임을 진다. 아동의 최선의 이익이 그들의 기본적 관심이 되어야 한다"라고 밝히고 있다.

우리 사회가 법정대리인이나 친권 제도를 필요 이상으로 청소년을 통제하고 무력하게 만드는 방식으로 적용하고 있지는 않은지 의문을 제기해 볼 필요가 있다. 청소년은 부모·보호자의 동의가 없으면 아무것도 할 수 없다고 오해하거나 부모·보호자의 말을 무조건 따라야 한다고, 독립적 인격체가 아닌 것인 양 여기는 경우가 왕왕 있기 때문이다.

모든 법정대리인이나 친권자가 항상 청소년과 좋은 관계를 형성하고 최선의 이익을 위해 행동할 것이라고 기대할 수는 없다. 친권이나 법정대리권은 청소년을 돕기 위한 제도여야지, 발목을 잡는 제도여선 안 될 것이다.

청소년은 혼자서
은행에 계좌를
만들 수 없나?

중학생이 돼서 돈을 모아 보려고 예금 계좌를 만들기 위해 은행에 갔어요.

청소년이라서 필요한 서류도 많아서 어렵게 챙겨 갔는데,

보호자가 같이 와야만 통장과 체크카드를 발급해 줄 수 있다고

하더라고요? 증빙 서류를 다 갖춰도 보호자가 필요한 건가요? 청소년은

혼자서 계좌를 만들 수 없나요?

만 14세 미만의 청소년은 개인정보에 관한 법률 등 때문에 부모·보호자가

같이 가야 계좌 개설이 가능해요. 만 14세 이상이라면 법적으로는

반드시 부모·보호자가 같이 갈 필요는 없습니다. 하지만 만 19세 미만의

청소년은 은행 거래에 여러 제한이 따르고, 은행에 따라서는 만 14세

이상이어도 부모·보호자의 동행이나 동의를 요구하기도 합니다.

예금 계좌를 개설하는 일은 만 19세 미만의 청소년이라고 해도 불가능하지는 않다. 이는 「민법」상 법정대리인(부모·보호자 등)의 동의가 꼭 필요하지 않은 '권리만을 누리는 행위'에 해당한다. 청소년이 따로 요금을 내거나 의무를 지지 않고, 무료로 예금 서비스를 이용하는 경우이기 때문이다. 은행에서 요구하는 서류를 제대로 구비해 간다면, 청소년도 예금 계좌를 개설할 수 있다.

다만 은행 업무에는 「금융실명거래 및 비밀보장에 관한 법률」에 따라 신분을 증명해야 한다. 따라서 주민등록증이나 여권, 청소년증 등의 신분증을 제시해야 한다는 점을 유념할 필요가 있다. 만 14세 미만의 청소년은 또 다른 법률의 문제가 있다. 「개인정보 보호법」을 비롯해 사업자가 개인정보를 다루는 문제를 규정하는 법률들에서는, 만 14세 미만의 청소년은 자신의 개인정보를 제공하는 데 동의할 능력이 없다고 보고 그 법정대리인의 동의를 받도록 하고 있다. 만 14세 미만의 청소년은 자신의 개인정보가 어떻게 쓰일지를 충분히 이해하고 다른 사람에게 제공하는 결정을 내리고 책임을 질 수 없다고 간주하는 셈이다. 때문에 계좌를 개설하기 위해 자신의 개인정보를 은행에 주는 행위를 혼자서 할 수 없다. 만 14세 미만의 청소년이 단독으로 통장을 개설해 사용하다가 법정대리인이 이의를 제기하면 은행에서 이뤄진 거래를 무효로 해야 할 위험이 있다며, 2013년 금융감독원에서는 은행들을 대상으로 대대적인 지도를 하기도 하였다.

2014년 이후 계좌를 만들어 다른 사람에게 빌려주는 이른바 '대포통장'에 대한 단속이 강화되면서 만 14세 이상의 청소년들도 계좌를 개설하기 한층 더 어려워졌다. 휴대전화 요금 납부, 임금 수령 등 계좌를 만드는 목적을 정확하게 증명해야 제약 없이 계좌를 발급받을 수 있게 되었기 때문이다. 이를 위해서 휴대전화 요금 청구서라든지 근로 계약서 및 급여 명세서 등의 서류를 은행에 제출해야 한다. 만약 그런 증빙 서류가 없을 시에는 계좌를 개설하더라도 하루에 입출금할 수 있는 금액이 제한되는 등 여러 제약이 따른다. 이는 비청소년에게도 동일하게 적용되는 사항이지만, 청소년들은 고정적이고 안정적인 수입이나 용도 등을 증명하기 훨씬 어려운 경우가 많다.

또한 법률상으로는 만 14세 이상 청소년이 혼자서 계좌를 만드는 데 아무 문제가 없음에도, 은행에 따라서는 내부 지침이나 창구 직원의 판단으로 이를 거부하는 사례가 간혹 있다. 그런 곳에서는 부모·보호자의 신분증이나 동의서 그리고 가족관계증명서를 요구하거나 심하면 부모·보호자의 동행을 요구하기도 한다. 이는 법적 근거 없이, 청소년의 경제행위나 법률행위에는 부모·보호자 동의가 필요하다는 편견에 따른 차별적인 행태이다.

이러한 제도에 가로막혀, 청소년들은 제대로 자신의 돈을 보관하고 관리하기 힘들 뿐 아니라 돈의 사용처가 크게 제한되곤 한다. 부모·보호자가 함께 은행에 방문하기 힘든 상황이거나 청

소년이 자기 명의의 통장을 만드는 것을 허락하지 않는 경우에
는 계좌 개설, 계좌 이체, 비밀번호 변경, 통장과 카드의 재발급
등의 은행 서비스를 이용할 수 있는 방법이 전혀 없기 때문이다.
경제 활동을 하거나 돈을 거래할 때 은행 계좌가 필수적인 경우
가 많다는 점에서 많은 청소년들이 큰 불편을 겪게 만드는 요소
이다.

통장에 넣어 둔
세뱃돈을 부모님이
가져갔는데,
이래도 되는 건가?

? 매해 세뱃돈을 모아서 제 명의의 통장에 저금하고 있었습니다. 그런데
이번에 세뱃돈이 얼마나 모였나 통장을 확인해 보니 저금해 둔 돈이
모두 사라졌더라고요. 어찌된 일인지 영문을 모르고 있었는데, 아빠가
출금해서 생활비에 보탰다고 말씀하셨습니다. 제가 이 집에서 먹고 자는
데도 돈이 든다고는 하지만, 부모님이 저한테 돈을 달라고 말하지도 않고
그냥 제 명의 통장에서 맘대로 돈을 빼서 사용해도 되는 건가요?

! 부모·보호자는 친권자로서 자녀의 재산을 관리할 수 있습니다. 그러나
권한을 남용하여 청소년과 이해관계가 어긋나는 방식으로 재산을
처분하는 것은 법적으로 허락되지 않습니다. 이를 '이해상반행위'라고
부릅니다. 제3자가 재산을 줄 때부터 부모·보호자가 관리하지 말도록 한
경우에도 부모·보호자가 손댈 수 없으나 세뱃돈을 줄 때 부모가 간섭하지
말 것을 명시하는 경우는 많지 않지요. 또 세뱃돈을 모아 둔 통장이 따로
있었다고 해도 그 돈이 생활비로 사용된 경우에는 '이해상반행위'의
입증이 어렵습니다. 여러모로 부모·보호자가 세뱃돈을 맘대로 쓴 경우에
법적으로 도움을 받기는 쉽지 않을 것입니다.

세뱃돈이나 용돈은 「민법」 제6조(처분을 허락한 재산)에 따라서 임의로 처분하는 것이 가능한 대표적인 재산으로, 별도의 허락을 받지 않더라도 청소년이 마음대로 사용할 수 있다. 그런데 「민법」 제916조(자의 특유재산*과 그 관리)는 "자가 자기의 명의로 취득한 재산은 그 특유재산으로 하고 법정대리인인 친권자가 이를 관리한다"라고 규정하고 있어, 부모·보호자는 별다른 절차 없이도 청소년의 재산을 관리할 수 있다.

물론 제916조에 따른 재산 관리가 재산을 마음대로 처분할 수 있는 권리를 뜻하는 것은 아니다. 제912조(친권 행사와 친권자 지정의 기준)에서 "친권을 행사함에 있어서는 자의 복리를 우선으로 고려하여야 한다"라고 하고, 제922조(친권자의 주의 의무)에서 친권 중 재산 관리권 행사와 그 남용에 대하여 어느 정도의 원칙을 정하고 있다.

하지만 이러한 규정이 있더라도, 정부와 법원에서는 여전히 대리권 행사에 포괄적인 재량권이 인정된다고 본다. 따라서 현저히 부적절한 사례가 아니라, 단순 생활비 등의 이유로 돈을 썼다면 이해상반행위나 대리권의 남용으로 보아 반환을 청구할 수

＊ 자기 명의로 취득한 재산을 의미하는데, 청소년의 경우에는 상속 또는 증여를 받거나 자신이 노력하여 얻은 자산이 해당한다.

있다고 인정받기는 현실적으로 쉽지 않다. 대법원은 친권자가 자녀의 재산 처분을 대리한 행위에 대해서는 그것이 사실상 자녀의 이익을 무시하고 친권자 본인이나 다른 사람에 대해 이익을 주는 것만을 목적으로 하여 이루어지는 것과 같이 원래 법의 취지에 현저히 반한다고 볼 사정이 존재하지 않으면, 친권 남용에 해당하지 않는다고 보고 있다.[1]

청소년이 세뱃돈이나 용돈을 모으고 자신의 재산을 관리하는 건 나름의 경제적 자립을 이루기 위한 노력이다. 이런 노력은 청소년이 경제적 역량을 갖추는 데에도 필요한 일이다. 자식의 재산이 곧 부모·보호자의 재산이라고 생각하는 사람들이 많지만, 법에서 밝히고 있듯이 청소년이 자기의 명의로 둔 재산은 두말할 것도 없이 자신의 것이다. 법이 부모·보호자에게 자녀의 재산을 관리할 수 있도록 한 것은 청소년의 이익을 위하여 그들의 재산을 잘 보전하라는 뜻이지 동의 없이 마음대로 써도 된다고 허락한 것이 아니다.

내가 산 물건을
부모님이 마음대로
환불할 수도 있는 건가?

드디어 오래전부터 사고 싶던 태블릿 PC를 주문했어요. 그동안 조금씩 아껴서 모아 둔 용돈이랑 방학 중에 아르바이트를 해서 번 돈을 합쳐서 지른 거죠. 택배 상자를 여는 순간 얼마나 감격스럽던지. 그런데 엄마가 태블릿을 보더니 아직 고등학생이면서 무슨 이런 비싼 걸 사냐며 당장 환불하래요. 저는 싫다고 했는데, 미성년자인 제가 구대한 건 부모님이 취소할 수 있다면서 엄마가 환불시키겠다고 하네요. 제가 제 돈을 모아서 산 물건인데 부모님이 마음대로 환불할 수 있나요?

상품 거래를 비롯한 만 19세 미만의 법률행위는 부모 보호자의 동의가 없었다면 취소할 수 있어요. 하지간 용돈 등에 대해서는 청소년이 스스로 쓸 수 있다고 되어 있기도 합니다. 실제 태블릿 PC를 판매한 업체에서는 어머니가 취소와 환불을 요구하던 들어줄 가능성이 높겠지만, 법적으로는 반드시 부모·보호자가 취소시킬 수 있다고 볼 수는 없습니다.

「민법」에 따라 만 19세 미만 청소년의 법률행위에는 부모·보호자의 동의가 필요하며, 동의 없이 한 법률행위는 청소년 본인 또는 부모·보호자가 취소할 수 있다. 원칙적으로는 물건을 사고 파는 것도 모두 법률행위이기 때문에 부모·보호자의 동의가 필요하다. 이러한 동의가 없었던 거래나 계약은 취소하고 환불할 때 위약금 등을 내지 않아도 된다. 다만 부모·보호자가 동의 없이 계약한 것을 알게 된 후에도 값을 지불했다거나 거래 상대방이 취소할 건지를 확인하는 독촉을 했는데도 취소 의사를 밝히지 않은 등의 경우에는 취소할 수 없다. 또, 부모·보호자가 사전에 허락한 청소년의 영업 행위의 경우에는 부모·보호자의 동의를 따로 필요로 하지 않는다.

만일 이러한 계약으로 청소년이나 부모·보호자가 이익을 봤다면 현존하는 이익의 한도 내에서 돌려줄 책임이 있다. 예를 들면 구매한 물품은 다시 돌려줘야 한다는 것이다. 청소년이 부모·보호자의 동의 없이 신용카드 이용 계약을 하고 사용한 사건에서 카드 이용 계약은 취소할 수 있지만 그동안 신용카드로 산 물품 등의 이익이 있으므로 카드 대금은 내야 한다는 판례도 있다.[2]

이러한 법은 청소년이 잘 모르는 상태에서 자신이 감당할 수 없는 계약을 맺거나 불리한 거래를 하게 되는 것으로부터 청소년을 보호하기 위해 만들어진 것이다. 청소년들이 부모·보호자에게 경제적으로 의존하는 일이 많기 때문에 청소년이 고액 물건을 산다든지 하여 부모·보호자가 부담을 지게 되는 일을 막기 위한 것이기도 하다. 실제로 청소년이 스마트폰 게임 등에서 가격을 충분히 고려하지 않고 너무 많은 돈을 결제해서 부모·보호자가 환불을 요청하는 일이 흔히 있다. 청소년인데 실수로 너무 비싼 물건을 샀거나 속아서 불리한 계약을 했다면 이러한 법 제도를 이용해 취소하는 것도 방법이다.

그렇지만 일상생활 속에서 물건을 사는 일 하나하나를 부모·보호자의 동의를 받는 것은 불가능하고, 그렇게 할 경우 부모·보호자가 청소년의 삶을 지나치게 제한하는 것이 될 수도 있다. 때문에 「민법」 제6조(처분을 허락한 재산)는 부모·보호자가 범위를 정하여 허락한 재산은 청소년이 스스로 쓸 수 있다고 규정한다. 말하자면 용돈을 준다거나 청소년 본인 명의의 계좌에 넣어 두고 사용하라고 허락한 돈을 알아서 쓰는 데는 부모·보호자의 동의가 필요하지 않다는 것이다. 법원은 부모·보호자의 동의가 반드시 명시적 동의가 아닌 '묵시적 동의'여도 되고, 청소년이 자신의 용돈이나 아르바이트로 번 돈 등의 범위를 벗어나지 않게 일상적으로 물건을 구매하는 것은 부모·보호자의 묵시적 동의가 있었다고 본다는 판결을 내린 바 있다.[3] 즉, 청소년이 돈을 벌거나 용돈을 받아서 일상적으로 처분이 허락된 범위 안에서 사고 싶은 물건을 샀다면, 법적으로는 이를 취소시킬 수 없다.

이러한 법은 청소년이 사회적·경제적 약자이고 보호가 필요

하다는 이유로 만들어진 것이다. 하지만 정작 부모·보호자가 청
소년에게 악영향을 끼치는 법률행위를 하도록 시키는 경우도 있
고, 항상 청소년의 이익을 고려하여 결정하는 것도 아니다. 만약
청소년이 스스로 필요로 하여 자신이 부담할 생각으로 한 거래를
부모·보호자가 일방적으로 취소시키는 데 이러한 법을 이용한다
면, 이는 청소년의 자유를 침해하는 결과를 초래할 것이다. 청소
년을 위해 존재하는 법정대리인의 동의를 요구하는 것이나 법률
행위의 취소를 가능하게 한 제도를, 청소년의 자유로운 사회적·
경제적 생활을 가로막아도 되는 것으로 생각해서는 안 된다.

청소년은 휴대전화를 개통할 수 없나?

? 열여덟 살 청소년인데, 원래 쓰던 휴대전화가 아버지 명의로 된 거라 휴대전화 사용이나 소액 결제 등을 감시당하는 게 불편해서, 제 명의로 새로 휴대전화를 개통하려고 했거든요? 그런데 휴대전화 대리점에 갔더니 부모와 같이 오라고 하면서 거절당했어요. 청소년은 혼자서 휴대전화를 만드는 것 같은 계약을 할 수 없는 건가요?

! 청소년도 혼자서 계약을 체결할 수는 있습니다. 하지만 만 19세 미만인 청소년이 법정대리인의 동의 없이 계약을 체결한 경우, 법정대리인은 그 계약을 취소할 수 있습니다. 청소년이 법정대리인의 동의 없이 계약을 체결한 경우에도 계약의 효력은 발생하지만, 이후에 법정대리인이 취소하면 없었던 일기 될 수 있습니다.

휴대전화를 개통하는 이동 통신 계약이나 집주인과 계약서를 쓰고 방을 빌리는 임대차 계약을 맺는 것 등은 미성년자라고 해도 불가능한 것은 아니다. 많은 사람들이 청소년은 이런 계약을 할 수 없다고 생각하곤 하지만, 이런 계약들은 청소년에게 금지되지 않았다. 단지 청소년의 계약은 본인의 의사와 상관없이 그 효력이 없어질 위험이 있을 뿐이다. 모든 계약은 법률행위이고, 만 19세 미만 청소년의 법률행위는 원칙적으로 법정대리인의 동의를 요건으로 하기 때문이다(「민법」 제5조). 예를 들어 청소년이 맺은 계약에 대해 나중에 부모·보호자가 취소를 요구하면, 계약 당시에 부모·보호자의 동의가 있었다는 점은 계약의 유효함을 주장하는 측, 즉 계약을 맺은 상대방이 입증해야만 한다.[4] 그래서 청소년과 계약을 체결하려는 상대방은 법정대리인의 동의 여부를 사전에 확인하려고 하며, 이는 많은 경우에 청소년의 발목을 잡는다.

그러나 청소년들이 모두 부모·보호자에게 지지와 보호를 받으며 원만한 관계를 맺는 것은 아니다. 부모·보호자와 멀어진 경우, 연락이 되지 않는 경우, 연락할 수 없는 경우도 적지 않다. 기존의 부모·보호자가 아닌 다른 대리인을 정하려고 해도 법적 절차를 밟기는 쉽지 않다. 실제로 부모·보호자의 동의를 얻기 어려운 상황에 놓인 청소년들은 위험을 무릅쓰고 다른 사람의 명의를 빌려 계약을 하기도 한다. 이런 경우 계약에 따른 권리를 제대로 행사하기 어렵다. 예컨대 방을 빌리는 계약이라면, 다른 사람의 명의로 계약을 하면 「주택임대차보호법」 등에 따른 보호를 받지 못할 수도 있다.

이처럼 청소년이 부모·보호자의 동의 없이 계약을 하기 어렵게 만들어 놓은 것은 청소년들이 부모·보호자들로부터 독립적인 생활을 하는 것에 걸림돌이 되곤 한다. 부모·보호자가 신뢰할 만하지 못하거나 가정에서 벗어난 청소년들을 더욱 열악하고 위험한 상황에 내모는 결과를 초래하기도 한다. 이러한 결과는 거래의 안전을 희생시키더라도 청소년을 보호하고자 하는 법정대리인 제도의 근본적인 입법 취지에도 부합하지 않는다. 청소년들이 홀로서기를 해도 안전한 생활을 누릴 수 있도록 하는 다른 방법은 없는 것일까?

가출은
불법인가?

며칠 전에 부모랑 언쟁을 했는데, 부모가 폭력을 휘둘러서 가출을
했어요. 부모가 잡아서 끌고 갈까 봐 무서워서 멀리 다른 지역으로 와
버렸죠. 경찰에 신고하면 위치 추적 같은 것도 된다고 해서 휴대전화도
꺼 두고 사용하지 않고 있어요. 통장에서 돈을 꺼내 쓰면 그것도 알 수
있다고 해서 겁나고……. 이렇게 말하니 꼭 현상 수배라도 된 것 같은
기분이네요. 가출은 불법인가요? 경찰이 저를 찾아서 잡아가거나 처벌할
수 있나요?

청소년의 가출은 형사상 범죄나 민사상 불법은 아닙니다.
가출을 했다고 해서 법을 어긴 것이거나, 처벌을 받거나 손해배상을 해야
하는 것은 아니라는 뜻이지요. 다만, 경찰은 가출한 청소년을 찾아서
부모·보호자에게 알리고 데려다주게 되어 있습니다.
만약 부모의 폭력 때문에 가출했다면 이에 대해 신고하고 도움을
요청할 수 있습니다. 청소년쉼터에서도 부모의 폭력 때문에 가출한
경우, 청소년 본인이 원하지 않는다면 퇴소시키거나 부모에게 보낼 수
없습니다.

가출, 즉 청소년이 부모·보호자의 집에 돌아가지 않는 것을 처벌하는 법률은 없고, 가출은 불법 행위도 아니다. 하지만 가출한 청소년을 보호하거나 부모·보호자에게 보내기 위해 여러 가지 통제 또는 지원이 가능하도록 하는 법들이 존재한다.

일단 「민법」 제914조(거소지정권)는 "자는 친권자의 지정한 장소에 거주하여야 한다"라고 명시하고 있다. 청소년은 부모·보호자가 정한 곳에서 살아야 한다는 것이다. 원칙적으로 청소년의 가출은 이를 벗어나는 것이 된다. 이런 이유로 경찰 등은 가출한 청소년을 부모·보호자에게 알리고 데려가, 브모·보호자의 감독하에 두려고 한다.

청소년의 가출을 부모·보호자가 경찰에 신고하게 되면, 그 청소년은 「실종아동등의 보호 및 지원에 관한 법률」(「실종아동법」)상 '실종아동'으로 분류된다. 이 법에 따라 경찰은 청소년의 위치를 추적하기 위해 휴대전화 통신사 같은 위치 정보 사업자에게 위치 정보 제공을 요청할 수 있다. 위치 정보 사업자는 청소년의 동의 없이도 위치 정보를 수집할 수 있고 경찰에 정보를 주어야 한다. 그래서 경찰은 가출한 청소년의 휴대전화를 추적하여 위치를 알아낼 수 있다. 경찰청의 「실종아동등 및 가출인 업무처리 규칙」에 따르면, 경찰은 가출 청소년을 발견했을 때 즉시 부모·보호자에게 인계하는 등의 필요한 조치를 하여야 한다(제11조). 다만, 가출 청소년이 간 18세 이상이라면 해당 청소년이

거부하는 때에는 청소년의 소재를 부모·보호자에게 알려서는 안 된다(제16조).

「청소년복지 지원법」에 따라 가출 청소년을 일정 기간 보호하고 지원하는 청소년쉼터*가 만들어져 운영되고 있으므로, 가출을 했다면 쉼터에서 단기간 생활하면서 도움을 받을 수 있다. 하지만 쉼터 역시 이용 청소년의 입소를 부모·보호자에게 알리는 것이 원칙이다. 청소년 본인이 연락을 원하지 않아도 가출이나 실종 신고가 접수된 상태라면 「실종아동법」 제7조(미신고 보호행위의 금지)에 따라 의무적으로 보호자와 경찰에게 연락을 취해야 한다.

예외로 보호자에 의한 폭력 등 학대가 있었다면 쉼터에서 보호자에게 연락을 하지 않도록 되어 있다. 또한 그러한 경우에는 청소년 본인이 원하지 않는다면 쉼터에서 퇴소시킬 수 없다. 그러나 폭력이나 학대를 당한 사실을 입증하는 일이 쉽지 않은 것이 문제이다.

「청소년복지 지원법」은 가정 밖 청소년이 가정·사회에 복귀

---

* 청소년쉼터는 가정에 머무를 수 없는 24세 이하 청소년들에게 임시 주거를 제공하는 생활 보호 시설로, 의식주, 의료 및 교육 지원 등을 제공한다. 2020년 기준 전국 135개의 청소년쉼터가 민간 위탁 형태로 운영되고 있다. 청소년쉼터에는 7일 이내 지낼 수 있는 일시 쉼터, 3개월 이내 지낼 수 있는 단기 쉼터(최대 9개월까지 연장 가능), 3년 이내 지낼 수 있는 중장기쉼터가 있다.

하도록 필요한 조치를 하라고 규정하고 있다. 청소년 본인의 뜻과 상관없이 가정으로 돌아가게 하는 것을 우선하는 조치는 청소년의 입장을 고려하지 않은 것일 수 있다. 가출을 선택한 청소년에게 가정은 불안정하고 위험한 공간일 수 있기 때문이다. 가정 밖 청소년을 '사회에 복귀시킨다'는 표현 역시 청소년이 부모·보호자의 감독하에 있어야만 정상적으로 '사회생활'을 하는 것이라는 고정관념을 담고 있다. 또한, 가출은 법을 위반한 것은 아니지만, 가출한 청소년은 현행 「소년법」 제4조(보호의 대상과 송치 및 통고)의 '정당한 이유 없이 가출하는 것' 규정에 따라 법원에서 소년 보호 재판을 받을 수 있다. 범죄를 저지르지도 않았는데 사실상 처벌을 받을 수도 있는 것이다. 가출한 청소년을 '우범', 즉 '범죄를 저지를 우려가 있는' 사람으로 보고 제재를 가하는 관점이 담겨 있는 법이다.

가출 청소년이 강제로 부모·보호자에게 돌아가야 할까 봐 걱정하고 숨어 살게 만드는 것은 오히려 청소년을 더 어려운 상황에 처하게 하고, 더 심각하게는 불법적인 일로 내모는 부작용을 일으킬 수 있다. 청소년의 가출에 대한 부정적 시선이 사라지고, 청소년이 부모·보호자의 집을 떠나서 생활할 수 있도록 정부와 사회가 지원한다면, 청소년의 가출은 다른 삶의 선택 중 하나가 될 수 있을 것이다.

자발적인 가출,
룸메이트가
처벌받을 수도 있나?

저는 열아홉 살 여자인데요. 부모님이 제 진로에 대한 생각이나
사생활을 너무 존중하지 않아서 가출을 했어요. 무작정 나와서 어디서
지낼지 막막했는데, 아는 언니가 방이 남는다고 같이 살 수 있다고 해서
룸메이트로 생활하고 있어요. 그런데 부모님이 계속 집에 돌아오라며
설득하시다가 나중에는 룸메이트가 있다는 걸 알곤 그 언니를 납치로
신고해 버리겠다고 협박을 하더라고요. 언니가 저를 데리고 있는
게 유괴라는 거죠. 살 곳을 내준 고마운 언니한테 피해를 주게 될까
걱정이에요. 이런 경우에 그 언니가 처벌을 받을 수 있나요?

말씀하신 상황에서는 유괴 같은 죄목으로 처벌받을 가능성은 별로
없습니다. 청소년이 스스로 가출했고 자신이 원한다면 부모·보호자의
집에 돌아갈 수 있는 상황이라면, 같이 생활하는 사람이 「형법」의
약취·유인죄로 처벌받지는 않을 것입니다.
하지만 만일 부모·보호자가 자녀가 실종됐다고 신고한 상태라면,
실종아동을 신고 없이 보호할 수 없다는 「실종아동법」에 따라 처벌받을
수도 있습니다.

「형법」과 「특정범죄 가중처벌 등에 관한 법률」(「특정범죄가중법」)에 규정된 미성년자 약취·유인죄는, 만 19세 미만의 미성년자를 속이거나 꾀어서 부모·보호자 등의 보호 상태에서 벗어나게 하고, 다른 사람의 사실적 지배하에 놓이게 하는 행위이다. 사실적 지배하에 둔다는 것은, 예를 들면 힘으로 청소년을 감금하거나 자유를 제한하거나, 협박이나 돈 등을 통해 자유를 제한하는 것, 자신의 지시에 따르도록 하는 것이다. 흔히 말하는 유괴도 여기에 해당한다.

청소년이 가출 상태에서 다른 사람의 집에서 생활할 때, 그 사람에게 미성년자 약취·유인죄가 성립할지는 상황에 따라 다르다. 가령 청소년이 자신의 결정으로 가출했고 다른 사람의 지배를 받는 상황이 아니라면 미성년자 약취·유인죄는 성립하지 않는다. 청소년이 스스로 판단해서 가출하여 귀가하지 않은 것이며 고발당한 성인은 여러 차례 귀가를 권유한 사정 등이 있으면 미성년자 약취·유인죄가 아니라는 대법원 판례도 있다.[6] 그럼에도 상황을 판단하는 검사나 판사에 따라 기소 여부나 죄의 유무가 달라질 위험은 있다. 청소년의 자기 결정과 의사를 신뢰하거나 존중하지 않고 몇몇 정황으로 성인이 청소년을 속이거나 꾀었을 것이라고 판단하는 사례가 없지 않기 때문이다. 따라서 같이 사는 룸메이트가 청소년을 유인하거나 지배하에 두려고 한 게 아니라는 점, 청소년의 가출이 다른 사람의 유혹이나 설득이나 협박 등의 관여 없이 이루어졌다는 점, 같이 살 때 청소년이 자유롭게 생활하고 행동할 수 있었다는 점 등을 증명해야만 확실히 처벌을 피할 수 있을 것이다.

그 외에 가출한 청소년과 함께 사는 사람이 처벌받는 데 적용될 수 있는 법은 「실종아동법」이다. 「실종아동법」에 따라 경찰에 가출 신고가 접수된 청소년은 실종아동으로 분류되고, 동법 제7조(미신고 보호행위의 금지)는 "누구든지 정당한 사유 없이 실종아동 등을 경찰관서의 장에게 신고하지 아니하고 보호할 수 없다"라고 명시하고 있고 이를 어기면 처벌하고 있다. 물론 청소년이 실종아동으로 신고된 상태라는 것을 모르는 상태였다면 처벌받지 않을 수 있다.

미성년자 약취·유인죄나 실종아동 미신고 보호 행위 금지 조항은 유괴 등의 행위를 처벌하고 청소년을 보호하기 위해 만들어진 법이다. 하지만 이러한 법이 청소년 본인의 의사를 지나치게 무시하는 방식으로 적용될 위험은 없는지 따져 봐야 한다. 누구와 소통하고, 어떤 사람을 신뢰하며 함께 살 것인가는 삶에서 아주 중요한 문제이다. 청소년이 스스로 믿을 수 있는 사람을 선택해서 함께 살 권리를 보장하기 위해 법 제도를 개선하는 것이 필요할 것이다.

부모가 때리거나
함부로 대할 때는
어떻게 해야 할까?

? 중학교에 진학하고 난 뒤로 아버지가 거의 맨날 매를 들고 있어요.
어제는 물을 떠 오라고 시켰는데 바로 가져오지 않았다는 이유로
얻어맞았어요. 제가 TV에서 보던 학대를 당하고 있는 거 같단 생각이
들어요. 어디 도움을 청하고 싶긴 하지만 괜히 신고했다가 저만
이상한 애 취급받는 건 아닌지, 괜히 아버지 성질만 더 돋우는 것은
아닐지 걱정스럽기도 하고……. 이럴 때는 어떻게 해야 하죠?

! 부모·보호자가 자신의 보호 및 감독하에 있는 아동을 때리거나
욕설 등 언어폭력을 가하는 것은 아동학대 범죄에 해당합니다.
이럴 때는 시·군·구 아동보호팀이나 아동보호전문기관* 또는 경찰 등의
수사기관에 신고하면 도움을 받을 수 있어요. 학대를 한 부모·보호자는
정도에 따라 처벌을 받을 수도 상담이나 치료를 받게 될 수도 있습니다.
학대를 당한 청소년이 보호나 치료 지원을 받을 수도 있고요.
꼭 아버지를 처벌하고 싶은 게 아니더라도 폭력을 당하고 있다면
여러 도움을 받을 수 있으니 신고나 상담을 해 보는 것이 좋습니다.

사람을 다치게 하거나 때리거나 신체적인 아픔을 주는 벌을 '체벌'이라고 부른다. 지금은 몇몇을 제외하면 대부분의 나라들이 인권을 존중하기 위해서 국가가 형벌로 체벌을 가하는 것을 금지하고 있다. 때리거나 몸을 다치게 하거나 아픔을 주는 벌은 폭력적이고 인간의 존엄성을 훼손한다는 이유에서이다.

그러나 아직도 어린이·청소년들은 여러 곳에서 체벌을 당하곤 한다. 학교에서는 교사가, 가정에서는 부모 등 친권자가 체벌을 가한다. 때로는 학원이나 어린이집 등에서도 체벌이 일어난다. 이는 대표적인 청소년인권 침해 문제이다. 「유엔아동권리협약」은 어린이·청소년이 모든 형태의 신체적·정신적 폭력을 당하지 않도록 보호받아야 한다고 정하고 있다(제19조). 이에 따라 유엔아동권리위원회는 모든 체벌을 금지해야 하고, 체벌만이 아니라 어린이·청소년에게 모욕적이거나 인격을 무시하는 벌을 내려서는 안 된다고 권고하고 있다.

한국은 「아동복지법」 제5조(보호자 등의 책무)에서 "아동의 보호자는 아동에게 신체적 고통이나 폭언 등의 정신적 고통을 가하여서는 아니 된다"라고 정하여 체벌이나 언어폭력 등을 금지

---

* 2020년 10월부터 지방자치단체에서는 아동학대전담공무원을 두어야 하나, 지역에 따라서는 아직 배치되지 않고 아동보호전문기관이 담당하기도 한다. 아동학대전담공무원이 배치된 지역은 지자체 아동보호팀에 신고할 수 있다.

하고 있다. 여기에서 '보호자'는 "친권자, 후견인, 아동을 보호·양육·교육하거나 그러한 의무가 있는 자 또는 업무·고용 등의 관계로 사실상 아동을 보호·감독하는 자"를 가리킨다. 즉, 부모, 교사, 청소년 지도사 등이 모두 포함된다. 또한 「아동학대범죄의 처벌 등에 관한 특례법」(「아동학대처벌법」)에 따르면, 부모·보호자가 아동에게 폭행죄나 상해죄에 해당하는 행위를 하면 이를 아동학대 범죄로 분류하며 더 강하게 처벌한다. 「형법」상 폭행과 상해뿐만 아니라 유기, 협박, 「아동복지법」이 금지하는 신체적·정서적·성적 학대 및 방임, 매매 행위 등도 「아동학대처벌법」에 따라 가중 처벌되는 아동학대 범죄에 해당한다. 그러므로 어린이·청소년을 때리는 부모·보호자는 아동학대로 처벌강할 수 있다.

부모·보호자가 체벌 또는 언어폭력 등으로 학대를 가한다면 전문기관이나 정부의 도움을 받을 수 있다. 학대를 당했을 때의 신고는 전화번호 112르 할 수 있다. 아동학대 신고를 받으면, 경찰관 또는 아동학대전담공무원 또는 아동보호전문기관 상담원은 현장에 출동해야 하며 아동학대 여부를 조사할 수 있다. 그리고 아동학대 범죄를 찾아낼 경우에는 응급조치로 피해를 입은 어린이·청소년을 가해자로부터 떼어 놓거나, 보호 시설이나 의료 기관으로 보낼 수 있다. 또한 학대를 한 친권자에 대해서도 법원은 학대를 당한 어린이·청소년에게 100m 이내로 다가가지 말라고 한다든지, 연락을 하지 말라고 한다든지, 아동보호전문

기관의 상담 또는 교육을 받으라고 한다든지, 의료기관이나 요양시설에 가라고 명령하는 등의 조치를 할 수 있다. 친권자가 아동학대 범죄를 저질러서 친권자로서 적절하지 않다고 판단하면, 검사는 친권을 제한하거나 상실시켜 달라고 법원에 요청할 수도 있다.* '조건부 기소유예'라고 하여, 학대의 정도가 약할 때는 법적 처벌을 하지는 않지만 대신에 부모·보호자가 교육이나 상담이나 치료를 받도록 하는 제도도 있다. 그러므로 신고할 때 자신의 부모·보호자가 큰 처벌을 받게 될까 봐 너무 걱정하지 않아도 된다.

부모가 자식을 훈육하기 위해 폭력을 가할 수 있다는 생각은 아직까지 우리 사회에 남아 있다. 「아동복지법」에 신체적·정신적 고통을 가하는 것을 금지한다는 내용이 추가된 것이 2015년의 일로 얼마 되지 않았다. 「민법」에는 부모·보호자가 자식을 징계할 수 있다는 제915조(징계권) 조항이 있어 체벌의 근거로 이용되기도 했는데, 이 조항은 2021년에야 삭제되었다. 이처럼 폭력을 옹호하는 인식 탓에 경찰·검찰이나 법원에서는 친권자의

---

* 「민법」 제924조 등에 의거하여 가정법원은 친권자가 청소년의 복리를 현저히 해치거나 해칠 우려가 있는 경우에는 친권 상실 또는 일시 정지를 선고할 수 있다. 또한 살 곳의 지정이나 그 밖의 특정한 사항에 관해 친권자가 친권을 행사하기 부적당한 사유가 있으면 특정한 친권만을 제한할 수도 있다. 친권자가 잘못된 관리로 자식의 재산을 위태롭게 한 경우에는 재산에 관련된 대리권·관리권만을 상실시킬 수도 있다.

체벌이나 학대 행위가 청소년을 심하게 다치게 하지 않는 이상은 정당한 친권의 행사라고 해서 처벌하지 않고 봐주는 경우가 있다. 그동안 학대와 폭력 때문에 목숨을 잃거나 다치는 어린이·청소년들의 사례가 알려지고, 인권단체들은 체벌을 금지하고 아동학대를 없애기 위해 오랜 시간 노력해 왔다. 그 결과 '신체적·정신적 고통을 가해서는 안 된다'라는 법이 생겼고, 아동학대에 더 잘 대처하기 위한 법률이 만들어졌다. 그럼에도 아직 많은 사람들이 체벌과 같이 교육적 목적으로 어린이·청소년에게 폭력을 가하는 것이 정당하다고 믿으며, 아주 극심한 경우가 아니라면 자식이 부모를 학대로 신고하는 것은 잘못된 것이라고 여긴다. 그래서 부모·보호자가 폭력을 행사하거나 학대 행위를 해도 이를 신고하는 것은 쉽지 않다.

이처럼 한국에서 체벌은 완전히 금지되어 사라졌다고 보기 어렵고, 아동학대의 범위도 명확하지 않다. 어디까지가 아동학대인지 혹은 아닌지에 대해서 한국은 사회적 기준과 합의를 만들어 가는 중이다. 부모·보호자라고 해서 어린이·청소년을 함부로 대해도 되는 것은 아니다. 오히려 부모·보호자는 어린이·청소년을 더욱 존중하고 보호해야 할 책임이 있다.

대법원은 2002년, 아버지가 딸에게 야구 방망이로 때릴 듯한 태도를 취하면서 '죽여 버린다'라고 말한 사건에 대해 협박죄를 적용하였다. 이는 「민법」 제915조(징계권)가 삭제되거나 「아동복지법」상 신체적·정신적 고통을 가하는 것을 금지한다는 조항이 제정되기 전의 판결로, 예전부터 심각한 수준의 폭력은 친권에 따른 징계나 교양 행위로 인정되지 않았음을 알 수 있다.

"친권자는 자(子)를 보호하고 교양할 권리의무가 있고(민법 제913조) 그 자를 보호 또는 교양하기 위하여 필요한 징계를 할 수 있기는 하지만(민법 제915조) 인격의 건전한 육성을 위하여 필요한 범위 안에서 상당한 방법으로 행사되어야만 할 것인데, 스스로의 감정을 이기지 못하고 야구방망이로 때릴 듯이 피해자에게 "죽여 버린다."고 말하여 협박하는 것은 그 자체로 피해자의 인격 성장에 장해를 가져올 우려가 커서 이를 교양권의 행사라고 보기도 어렵다." [7]

그러나 어느 정도가 심각한 수준의 폭력인지에 대한 기준이 애매모호하고 사회적 인식이나 판사의 주관에 따라 달라지기 쉬운데, 법률 개정과 판결 등을 통해 부모·보호자의 언어폭력이나 체벌, 폭력에 대해 완전히 금지하는 방향으로 변해 가는 추세이다. 2017년 의정부지방법원에서는 간 9세 자녀가 공부를 게을리했다는 이유로 아버지가 등산 스틱으로 때린 것은 신체적 학대 행위에 해당된다고 판결하기도 했다.[8]

스스로 독립하거나
다른 보호자를
선택할 수는 없나?

부모님의 학대가 너무 심해서 집을 나왔는데, 혼자서는 할 수 있는 게 거의 없고, 뭘 하려고만 하면 번번이 막혀 버리고 맙니다. 하지만 부모님한테는 손을 벌리고 싶지도 않고, 연락했다가는 강제로 집에 끌려가게 될까 봐 무섭습니다. 혹시 저 스스로의 요구로 성인이 될 수는 없나요? 그게 어렵다면, 부모님 외에 믿을 수 있는 다른 어른이 저의 보호자가 될 수는 없나요?

나이가 만 19세 미만, 「민법」상의 미성년자라면 결혼 이외에는 성년이 된 것과 동일하게 인정받을 수 있는 제도는 없습니다. 결혼 자체에도 법정대리인의 동의가 필요하고요. 하지만 아동학대는 친권의 제한 및 상실 사유가 됩니다. 아동학대를 한 친권자의 친권이 제한되거나 상실되면 다른 친척을 후견인으로 정하는 등 법정대리인을 선임하게 됩니다. 아니면 아예 입양의 절차를 밟아 양부모에게 친권을 이양할 수도 있습니다. 가정 위탁 제도를 통하여 위탁 가정에서 보호되는 방법도 있지만, 이 경우엔 여전히 친부모에게 친권이 남아 있습니다.

아동학대가 벌어지거나 독립을 해야 할 만한 상황이 되었을 때, 청소년이 자력으로 독립을 하거나, 아니면 적어도 학대를 가한 부모·보호자에게서 벗어나고자 할 때 청소년이 쉽게 다른 보호자를 찾고 안정을 찾을 수 있는 환경이라면 좋을 것이다. 하지만 아직 현행법에는 미비한 점이 많다.

일단 청소년이 별도의 법정대리인 없이 단독으로 성년이 된 것과 동일한 효과를 가질 수 있는 방법은 결혼해서 새로 가정을 꾸리는 것 이외에는 없다. 어떤 조건을 갖추면 미성년자도 성년인 것으로 간주하여 성년으로서의 권리를 부여하는 성년의제*란 제도가 있다. 한국에서 이는 오직 결혼을 한 경우에만 해당된다. 「민법」 제826조의2(성년의제)는 미성년자가 혼인을 한 때에는 성년자로 본다고 하고 있다. 그러나 혼인이 가능한 나이는 만 18세부터이고, 미성년자의 혼인에도 법정대리인의 동의가 필요한 것은 매한가지이다.

그렇다면 혼인이라는 방법을 선택할 수 없는 청소년은 기존의 부모·보호자 이외의 사람을 새로운 친권자나 법정대리인으로 선임하는 수밖에는 없다. 그러나 기존의 부모·보호자가 사망

---

* 실제로는 같지 않지만, 법에서 다룰 때는 같은 것으로 처리하는 것을 '의제(擬制)'라고 부른다. 즉, 무언가를 다른 무언가와 같은 것으로 간주한다는 것이다. '성년의제'란 미성년자를 일정한 요건을 갖추면 법적으론 성년인 것처럼 대하는 것이다.

한 것이 아닌데도 다른 사람을 법정대리인으로 세우려면, 친권 상실, 정지, 일부 제한 등의 조치가 있어야만 한다. 이미 친권을 가지고 있는 사람이 그 친권을 행사할 수 없는 경우에 그 공백을 메우기 위해서 후견인 등을 둘 수 있게 되어 있기 때문이다. 이 경우에는 법원이 직권으로 법정대리인을 선임하거나 후견인이 될 자를 심사하여 지정할 수 있다. 아동학대 등 심각한 사유가 있어야만 친권 상실이나 제한 등의 조치가 가능하다.

결혼을 할 수도 없고, 후견을 개시할 만한 상황도 아니라면 입양이나 가정 위탁의 방법도 있다. 다른 가정에 입양되어 새롭게 친자 관계를 맺거나, 일시적으로 양육을 맡기는 방식이다. 입양을 하게 되면 친부모의 친권은 정지되고 양부모가 친권을 행사한다. 하지만 입양도 기존 부모·보호자에게 특별한 사정이 없다면 그들에게 동의를 얻어야 함은 물론이고, 가정법원의 심사도 받아야 한다. 가정 위탁의 경우는 단순히 위탁되기만 하는 것이므로, 여전히 법률행위를 하기 위해서는 기존의 부모·보호자에게 동의를 받아야만 한다.

이 중 실제로 시도하기 쉬운 방법은 거의 없다시피 하다. 혼인은 여러모로 어려운 일이고 부모·보호자에게서 벗어나기 위한 목적으로 누군가와 급히 결혼하는 것은 부적절하다. 친권을 박탈하거나 입양되는 것도 지난한 재판 절차를 거쳐야 하는 일이다. 아동학대 등 분명한 문제가 있다면 정부 기관 등의 도움을 얻어 친권 상실 등의 조치를 받기가 과거보다 쉬워지긴 했다. 하지만 한국 사회 전반과 사법부가 아동학대에 별로 민감하지 않기에, 청소년 당사자는 심한 폭력이나 인권 침해를 겪고 있다고 느껴도 인정받지 못할 가능성도 있다. 가족 외에 다른 후견인을 세우거나 대안적 양육 환경을 얻기 어려운 사회 여건도 고민해야 할 문제이다. 청소년은 가정에 종속되고, 가정 안에서만 보호받을 수 있다는 「민법」의 태도가 실제로는 독립을 고민하거나 위기 상황에 놓인 청소년을 위험한 상태에 내버려 두고 있는 것이다.

미국의 사례를 보면 성년의제emancipation of minors의 요건이 각 주의 가족법Family law에 정해져 있어, 결혼 이외에도 성년의제가 청소년의 최선의 이익에 맞는다면 청소년 당사자가 신청하여 법원이 성년의제를 허가하는 등의 제도가 존재한다. 이처럼 결혼 외에도 다른 여건에서 성년의제가 가능하게 한다거나, 청소년이 희망하는 경우 법정대리인을 바꿀 수 있게 하는 등의 제도적 개선을 고민할 필요가 있다.

II.

보호인가 통제인가
청소년 보호법과 소년법

부탄가스나 본드를 청소년은 구입할 수 없나?

청소년이 게임하는 데는 왜 이렇게 규제가 많을까?

청소년은 왜 밤 10시 이후 PC방이나 찜질방에 들어갈 수 없나?

청소년이 술을 마시다 걸리면 현행범으로 잡혀가는 건가?

성인이 아니면 야한 영상을 보는 건 불법인가?

청소년유해매체는 무엇이고 어떻게 정해지는 건가?

성적인 영상을 찍으라고 협박당하는데 어떻게 해야 할까?

청소년이 등장하는 야한 만화를 보는 것은 불법인가?

청소년은 성관계를 가지면 안 되는 건가?

청소년을 지원하는 제도나 청소년을 위한 시설은 무엇이 있을까?

청소년은 범죄를 저질러도 처벌을 안 받는다는 게 정말일까?

온라인에서 욕하고 괴롭히는 일언 어떻게 대처해야 하지?

"청소년은 보호받아야 한다." 자주 듣게 되는 말이다. 청소년에 대한 많은 법과 정책들은 '보호'라는 단어를 달고 있다. 청소년에게 술이나 담배를 팔지 못하게 할 때도, 청소년이 심야에 온라인 게임을 못 하게 할 때도, 집을 나온 청소년이 쉼터에서 지낼 수 있게 할 때도, 범죄를 저지른 청소년에게 처분을 내릴 때도 모두 '보호'라는 말이 쓰이곤 한다. 우리 사회의 청소년 보호란 때로는 청소년을 위험으로부터 안전하게 하는 것이고 필요한 지원을 하는 것이지만, 또 때로는 청소년에 대한 통제나 훈육을, 때로는 완곡한 처벌을 뜻한다.

2부에서는 이처럼 '보호'의 이름을 가진 청소년에 대한 법들을 다룬다. 그중 대표 격이 바로 「청소년 보호법」이다. 이 법은 청소년유해매체물, 청소년유해업소, 청소년유해물질 등 '청소년이 접해서는 안 되는 것들'을 지정하고 있다. 청소년은 특정한 물건을 살 수 없는 것, 청소년관람불가 영화를 볼 수 없는 것, 심야 시간대 온라인 게임 서비스를 이용할 수 없는 것 등 청소년들이 일상에서 겪는 규제는 대체로 「청소년 보호법」에 근거를 두고 있다.

1997년 7월 처음 시행된 「청소년 보호법」은 청소년에게 유해한 환경이나 물질 등을 규제하기 위한 법이다. 하지만 한편에서는 시행 당시부터 영화, 만화 등 여러 창작물에 대한 심의와 청소년 유해 판정으로 반발을 샀다. 폐지 운동을 한 시민단체에서는 "청소년이 사회 주체로 인식되고, 매체 역시 수용 주체인 청소년에게 맡겨져야 한다"고 주장하기도 했다.[9] 「청소년 보호법」이 주로 다루는 내용을 보면 '보호'라기보다는 청소년을 통제하고 선도하는 법에 더 가깝다는 생각이 들기도 한다.

물론 보호를 위한 법에는 「청소년 보호법」과 그와 연관된 여러 심의나 규제들 말고도 청소년이 성범죄 등을 당하지 않도록 하기 위한 법, 청소년을 위한 공공 기관을 운영하도록 하고 취약한 상황의 청소년을 지원하는 법 등이 다양하게 존재한다. 이 장에서는 청소년유해매체물 등이 어떤 기준으로 지정되고 규제되는지, 청소년의 성은 어떤 법으로 보호되는지, 청소년에 대한 지원 정책이나 복지 정책은 어떻게 되어 있는지 등을 소개한다. 이에 더해 범죄를 저지른 청소년에게 조치를 취하는 「소년법」도 살펴본다. 우리 사회의 청소년 보호 제도란 어떠한 것인지 다각적이고 비판적으로 알아 갈 수 있는 장이 될 것이다.

부탄가스나
본드를 청소년은
구입할 수 없나?

? 학교에서 공예 작품 수행평가 때문에 본드가 필요해서 편의점에

사러 갔는데, 갑자기 신분증을 보여 달라더니 청소년은 사지 못한다며

거절당했어요. 술, 담배 같은 것 말고도 청소년이라서 못 사는 게

있는 줄은 몰랐는데……. 위험해서 그렇다고 하던데, 법으로 정해져 있는

건가요?

! 「청소년 보호법」은 '청소년유해약물'을 청소년에게 판매, 대여,

제공하는 것을 금지하고 있습니다. 그런데 부탄가스, 본드 등은

「화학물질관리법」에서 규정한 환각물질이 포함되어 있어서,

환각을 일으킬 수 있다고 보아 청소년유해약물로 지정되어 있습니다.

그래서 만 19세가 되는 해의 1월 1일이 지나지 않은 청소년은 구매할 수

없습니다.

「청소년 보호법」에서는 청소년에게 판매할 수 없는 물건에 대해 명시하고 있는데, 이는 크게 '청소년유해매체물', '청소년유해약물', '청소년유해물건'으로 나뉜다. '청소년유해약물'에는 술, 담배, 마약, 환각물질 등이 해당한다. 부탄가스와 본드의 경우, 「화학물질관리법」에 따른 환각물질이 포함되어 있다. 「화학물질관리법」은 환각물질을 섭취 혹은 흡입할 목적으로 이런 물건을 소지하거나 제공하면 안 된다고 명시하고 있다.

그러나 부탄가스나 본드는 일상생활에서 유용하게 쓰이며 많은 사람들이 부탄가스로 버너에 불을 피우고 본드로 물건을 부착하며 살고 있다. 또, 이를 환각물질의 용도로 사용할 경우의 처벌 규정도 이미 「화학물질관리법」에서 별도로 명시해 두고 있다. 그럼에도 유독 「청소년 보호법」은 청소년이 흡입할지도 모른다며 청소년에게 이 물건들을 판매하는 것 자체를 금지하고 있다. 청소년은 이런 물건을 원래의 용도가 아닌 환각물질로 사용할 확률이 높다는 가정이나 편견 때문에 정말로 필요한 경우에도 물건을 구매할 수 없게 된 것이다.

현재에는 환각 효과를 기대하며 부탄가스나 본드를 흡입하는 경우가 거의 없다. 여성가족부의 〈2018년 청소년 매체이용 및 유해환경 실태조사〉에 따르면 환각성 물질 이용 경험은 응답자의 0.3%에 그쳐 과거에 비해 크게 줄었다. 그럼에도 청소년에 대한 부탄가스 등의 생활용품 판매 금지가 개선되지 않고 있다.

이는 약물 중독 문제를 치료보단 단순 차단과 처벌로 대처하려는 정책의 단면을 보여 주는 것이기도 하다. 진정으로 청소년의 건강을 보호하고자 한다면, 일상생활에서 쓰이는 물건을 청소년에게만 판매를 금지하는 것이 아니라, 가령 환각물질 성분을 제거하여 모두에게 안전한 본드를 판매하게 하는 등의 조치가 더 바람직한 것 아닐까?

청소년이
게임하는 데는
왜 이렇게
규제가 많을까?

? 저는 이제 중학교 3학년인데요. 고등학교 입시 학원을 다니다 보니 평일엔 집에 오면 밤 10시가 넘곤 해요. 좋아하는 온라인 게임을 좀 하려고 컴퓨터 앞에 앉으면 얼마 안 돼서 12시인데, 그러면 게임 접속을 차단당하거든요. 주말에 좀 더 하려고 해도, 부모님이 제가 게임을 얼마나 했는지 자동으로 다 알게 돼서 항상 1시간씩밖에 하지 못해요. 이런 규제는 게임 회사에서 하는 건가요, 아니면 법이 있는 건가요?

! 만 16세 미만 청소년은 온라인 게임에 가입할 때 부모·보호자 동의가 필요하며, 게임 업체는 게임 이용 시간, 결제 내역 등의 정보를 부모·보호자에게 제공해야 하고, 밤 12시부터 아침 6시까지 심야 시간은 온라인 게임 접속이 안 되는 등의 규제가 법률로써 이루어집니다. 단, 스마트폰이나 태블릿 PC 등으로 하는 게임은 심야 시간 규제에서 예외입니다.

「청소년 보호법」은 만 16세 미만 청소년이 "정보통신망을 통하여 실시간으로 제공되는 게임물", 즉 인터넷 게임 또는 온라인 게임을 하는 것을 규제하는 내용을 담고 있다. 제24조(인터넷게임 이용자의 친권자등의 동의)에서는 게임 가입에 부모·보호자의 동의를 필수로 요구하고 있고, 제25조(인터넷게임 제공자의 고지 의무)에는 게임 업체가 부모·보호자에게 청소년이 하는 게임의 특성 및 등급 등의 기본 정보, 게임 이용 시간, 결제 정보를 알릴 것을 의무화했다. 「청소년 보호법」 제26조(심야시간대의 인터넷게임 제공시간 제한)는 "인터넷게임의 제공자는 16세 미만의 청소년에게 오전 0시부터 오전 6시까지 인터넷게임을 제공하여서는 아니 된다"라고 명시하고 있는데, 이를 접속을 강제로 차단shutdown한다고 하여 통상 '온라인 게임 셧다운제'라고 부른다. 제27조(인터넷게임 중독 등의 피해 청소년 지원)는 게임 중독으로 인해 피해를 입은 청소년에게 예방·상담·치료·재활 등을 지원할 수 있다는 내용이다.

현재 게임 셧다운제는 스마트폰, 태블릿 PC, 콘솔 게임기를 이용하는 온라인 게임에는 적용되지 않고 있다. 관련 부칙과 「청소년 보호법 시행령」으로 스마트폰 등을 이용한 온라인 게임에 대해서는 적용 시기를 유예하였고, 「청소년 보호법」 제26조 제2항 등에 따라 여성가족부가 2013년 스마트폰 등으로 하는 게임 그리고 "비영리를 목적으로 제공되고 개인정보를 수집 또는 이용하지 않는 게임물"을 심야 시간 제한의 적용 예외 대상으로 한다고 고시했기 때문이다.

온라인 게임 셧다운제 등 청소년의 게임 이용을 규제하는 「청소년 보호법」 개정안은 2011년부터 시행되었다. 이는 청소년의 게임 중독/과몰입 예방, 수면 부족 방지 등을 이유로 도입됐다. 그러나 이러한 규제들이 과연 실제 효과가 있는지, 온라인 게임을 특정 시간대에 차단하면 다른 게임을 하지는 않을 것인지, 편법으로 접속하는 경우만 늘어나는 것은 아닌지 많은 의문이 시행 이전부터 제기되었다. 개정된 법이 시행된 이후 청소년, 부모, 게임 업체 등이 헌법재판소에 헌법 소원을 청구한 적이 있다. 이때 청소년 청구인은 사생활의 자유나 행동의 자유, 정보 인권을 침해당했다고 주장했고, 부모 청구인은 가정 내에서 청소년과 대화하여 게임 시간을 정하는 등의 결정권 및 교육권이 침해되었다고 주장했다. 그러나 2014년, 헌법재판소는 온라인 게임 셧다운제가 합헌이라고 판결했다.[10]

「청소년 보호법」상의 온라인 게임 이용 규제는 실제 법 체계가 그렇게 논리적이거나 정밀하지는 않다는 것을 보여 주는 예시라 할 수 있다. 먼저 「청소년 보호법」의 목적과 주된 내용은 청소년 유해물이나 유해 환경 등으로부터 청소년을 보호하는 것인데, 청소년에게 유해하다고 분류되지 않은 게임들까지 광범위하게 이용 시간을 규제하고 부모·친권자에게 정보를 제공하라는 내용이 이 법에 들어가 있는 것은 잘 맞지 않는다는 지적이 있다. 「청소년 보호법」은 만 19세 미만에게 적용되는데, 이 조항들만 만 16세를 기준으로 하고 있기도 하다. 이는 법률 개정 당시 만 14세를 기준으로 하자는 부처와 만 18세 또는 19세를 기준으로 하자는 부처 사이의 대립 끝에 정해진 것이다. 스마트폰 등으로 하는 게임은 예외로 둔 것 역시 현재의 규제에 합리적이고 명확한 기준이 부족함을 드러낸다.

게임을 과하게 하여 문제를 겪는 현상은 여러 연령대에 나타나지만, 이와 같이 청소년들을 규제하는 정책이 먼저 도입된 것은 청소년의 자유와 권리가 상대적으로 경시되고 청소년이 부모·보호자의 소유물처럼 여겨지기 때문이라는 비판도 있다. 온라인 게임 셧다운제의 완화 정책으로, 부모·보호자가 청소년의 게임 이용 시간을 지정하게 하는 '선택적 셧다운제' 등의 안도 제안된 적도 있다. 하지만 이 역시 청소년의 사생활과 개인정보를 부모·보호자의 통제하에 둔다는 문제가 있다는 점은 마찬가지다.

청소년은 왜
밤 10시 이후
PC방이나 찜질방에
들어갈 수 없나?

처음으로 친구들이랑 찜질방에 놀러 가 봤어요. 밤 9시 반쯤 되니,
찜질방 직원이 돌아다니면서 청소년들은 10시 전에 나가야 한다고
알리더라고요. 한창 수다 떨던 중이었는데 서둘러 나와야 해서
아쉬웠어요. 목욕하고 찜질하고 군것질하는 곳인데 왜 청소년은 밤에
있으면 안 될까요? 그리고 우리 학교는 밤 11시까지 야간자율학습도 하고
그러거든요. 왜 청소년들은 노래방, 찜질방 같은 곳들을 밤에는
이용할 수 없는 건가요?

「청소년 보호법」에 따라 몇몇 사업장들은 청소년의 출입 또는 고용이
제한되어 있습니다. 그리고 그중 몇몇 곳들은 각각의 업종에 관한 법에서
야간의 청소년 출입·이용을 금지하고 있습니다. 단, 부모·보호자의
동의서가 있거나, 부모·보호자나 교사, 청소년 지도사 등이 동행했을 때는
이용이 가능합니다.

「청소년 보호법」에서는 청소년에게 유해한 업소는 출입과 고용을 금지하고 있다. 금지하는 업소의 목록에는 건강에 해로운 약품을 다루는 곳이나 도박을 하는 곳들이 있다. 노래방, PC방, 찜질방, 비디오방, 만화방 등은 청소년의 출입은 가능하지만 고용하는 것은 불가능한 업종들이다.

노래방, PC방, 찜질방 등은 청소년들이 일상적으로 많이 놀러 가는 곳이지만 청소년의 야간 출입·이용이 법으로 규제되고 있다.* 다만, 부모·보호자나 성인인 친족, 소속 학교의 교원이나 청소년 지도자 자격증을 갖춘 사람을 동반할 경우, 혹은 부모·보호자의 동의서가 있을 경우에는 해당 시간에도 출입·이용이 가능하다.

위 법들에는 왜 청소년의 야간 이용을 규제하는지 이유가 제시되어 있지는 않다. 「청소년 보호법」에서 이러한 업소들을 청소년에게 유해한 업소라고 규정하고 있는 것과 같은 이유일 것이라 짐작할 수 있다. 하지만 유해한 약물을 다루거나 위험한 약품을 다루는 등의 업소와 달리, 노래를 부르는 곳이나 컴퓨터 게

---

* 노래방은 「음악산업진흥에 관한 법률 시행령」, PC방은 「게임산업진흥에 관한 법률 시행령」에 따라 밤 10시부터 아침 9시까지 만 18세 미만 청소년(고등학생 포함)의 출입·이용이 금지된다. 찜질방은 「공중위생관리법 시행규칙」에 따라 밤 10시부터 아침 5시까지 연 19세 미만 청소년의 출입·이용이 금지된다.

임을 하는 곳, 목욕을 하고 찜질을 하는 곳이 청소년에게 왜 유해한지는 명확하지 않다. 낮에는 출입과 이용이 가능하지만 밤에만 출입해선 안 되는 이유도 확실치 않다. 또한 청소년의 수면 시간이나 건강을 고려한 조치라고 하기에는, 고등학교의 경우 밤 10시나 11시까지 야간 자율 학습을 시키기도 하며, 학원도 심야 영업을 조례로 제한하고 있지만 지역에 따라 밤 10시에서 12시까지 영업이 가능하다는 점에서 타당성과 형평성이 약하다.

게다가 부모·보호자의 동의가 있거나, 친족이나 교사 등이 동행하면 출입을 할 수 있도록 되어 있다. 이로부터 법의 취지가 찜질방이나 노래방 등의 환경 자체가 청소년에게 해로운 것이 아니라, 청소년들이 부모·보호자의 관리·감독을 벗어나 밤늦게까지 놀거나 외박하는 것을 규제하는 데 있다고 추정할 수 있다. 집이 아닌 공간에서 밤을 지새우거나 숙박할 수 있는 환경이 '탈선'을 부추긴다는 생각이 그 배경에 있는 것이다.

이 법들은 비록 영업을 하는 업소를 규제하는 형식을 취하고 있고 어길 경우의 처벌도 업소가 받게 되지만, 결과적으로는 청소년들의 활동과 자유가 제한당하게 된다. 청소년을 유해한 환경으로부터 보호하기 위해서라기보다는 청소년을 더 수월하게 부모·보호자의 감독하에 두려는 것은 아닌지 의심해 볼 만하다.

청소년이
술을 마시다 걸리면
현행범으로
잡혀가는 건가?

?
동네 친구들과 공원 정자에서 술을 마셨는데, 경찰관이 와서 몇 살이냐고, 술을 어떻게 샀느냐며 훈계하다가 경찰서로 데려갔어요. 얼떨결에 경찰서에도 끌려가고, 부모님도 와서 엄청 혼났네요. 아무리 제가 청소년이고 술을 마시고 있었다 해도, 경찰관이 갑자기 이렇게 데려가도 되는 건가요? 저는 청소년이 술을 마시는 게 불법이라서 현행범으로 경찰서에 체포되었던 건가요?

!
청소년에게 술을 판매하거나 제공하는 것은 불법이지만, 청소년이 술을 마시는 것은 불법이 아닙니다. 이 사례는 '현행범 체포'가 아닌 경찰관의 '임의동행'이라고 볼 수 있는데요. 임의동행 전에는 반드시 경찰관이 자신이 누구인지, 왜 동행이 필요한지, 변호사의 조력을 받을 수 있다는 것을 고지하여야 하고, 모든 시민은 임의동행 요청을 거부할 수 있습니다.

많은 사람들이 청소년이 술을 마시거나 담배를 피우는 것은 불법이라고 생각한다. 하지만 청소년의 음주나 흡연 자체를 규제하는 법률은 존재하지 않는다. 「청소년 보호법」이 금지하고 제재하는 대상은 청소년에게 술과 담배를 판매한 업주나, 대리 구매를 통해 청소년에게 제공한 사람이다. 즉, 청소년이 음주나 흡연을 하고 있다고 해서 현행범으로 체포하거나 그와 비슷하게 취급할 수는 없다.

「청소년 보호법」 제4조(사회의 책임)에서는 "청소년이 유해한 매체물 또는 유해한 약물 등을 이용하고 있거나 청소년폭력·학대 등을 하고 있음을 알게 되었을 때에는 이를 제지하고 선도할 것"이 '사회의 책임'이라고 되어 있다. 이를 이유로 음주나 흡연을 하는 청소년을 발견하고 제지하거나 훈계하는 성인들을 종종 볼 수 있다. 이 과정에서 폭언이나 폭행을 가하기도 한다. 그러나 이 법은 어디까지나 청소년이 유해한 행위를 하는 것을 만류하고 선도할 포괄적 책임을 뜻하는 것이지, 청소년의 음주나 흡연을 처벌하거나 청소년에게 폭력을 사용해도 된다는 뜻이라고 볼 수는 없다.

한편 「소년법」 제4조(보호의 대상과 송치 및 통고)는 "술을 마시고 소란을 피우거나 유해환경에 접하는 성벽*이 있는" 10

* 굳어진 성질이나 버릇

세 이상의 소년은 소년 보호 재판에 송치될 수 있다고 하고 있다. 하지만 여기에는 성격이나 환경에 비추어 「형법」상 죄를 저지를 우려가 있는 경우라는 단서가 붙는다. 음주 후 난동, 소란을 일으키거나 다른 사람에게 피해를 입히지 않았는데도 단지 음주를 했다는 이유만으로 재판에 송치되거나 경찰서에 끌려가게 되는 것은 아니다.

청소년의 음주는 사회적으로 '비행'이나 '일탈'이라고 낙인찍힌다. 그러나 「청소년 보호법」이 청소년의 음주나 흡연을 막으려고 하는 것은 청소년에게 유해하기 때문에 유해한 환경이나 약물을 최대한 접하지 않게 하려는 것이며, 음주나 흡연은 자신의 건강에 해로운 행위일 뿐 비도덕적이거나 불법적인 행동이라고 볼 수는 없다. 성인들은 음주나 흡연을 자유롭게 하면서 청소년들에게만 규제되는 상황에서 청소년의 음주나 흡연을 처벌 대상으로 삼는 것은 불합리하기도 하다.

음주나 흡연에 관한 연령 제한은 나라마다 다르다. 미국은 21세 미만의 음주가 처벌받는 반면, 독일은 16세 이상은 맥주, 와인 등을 구매하고 마실 수 있고 14세 이상은 보호자가 동행하면 사 마실 수 있다. 사회 문화적 요인에 따라 충분히 변할 수 있는 기준인 것이다.

만일 경찰이 음주나 흡연을 이유로 청소년을 경찰서로 데려가려고 한다면, 이는 청소년이 법을 어겼기 때문에 수사나 처벌을 하려고 하는 것이 아니라, 선도 등을 위한 임의동행이라고 볼 수 있다. 경찰이 현행법 체포나 영장에 따른 강제 집행이 아닌데 시민을 본인의 동의하에 경찰서에 함께 가도록 요청하는 것을 '임의동행'이라 한다. 경찰은 임의동행 시에는 자신의 소속과 이름을 밝히고 경찰임을 증경하는 신분증을 제시해야 한다. 또, 왜 경찰서에 데려가는지, 어디로 가게 되는지 안내해야 한다. 필요하다면 변호사의 도움을 받을 수 있다는 것도 반드시 안내해야만 한다. 특히 경찰이 임의동행을 요구하더라도, 시민은 이를 거절할 권리가 있다. 만약 동행한다고 결정했다 하더라도 가족이나 친지 등에게 자신을 경찰서에 데려가는 경찰이 누구인지, 어디로 데려가는지를 연락해 알릴 수 있다. 경찰은 임의동행한 시민을 6시간 이상 경찰서에 머물게 할 수 없다.

청소년이 음주나 흡연 등을 하다가 경찰로부터 경찰서에 데려가겠다는 통보를 받으면 자신이 잘못을 했기 때문에 당연히 따라야 한다고 생각하기 쉽다. 경찰관이 이러한 상황에서 경찰서에 가지 않을 수 있다고 안내하는 경우 또한 드물다. 그러나 설령 어른들로부터 '혼날 만한 짓'을 한 청소년이라고 해도, 경찰이 공무 집행을 함에 있어 시민으로서의 권리는 똑같이 보장받을 수 있어야 한다.

성인이 아니면
야한 영상을
보는 건 불법인가?

고등학생 언니가 최근에 엄마한테 크게 혼났어요. 컴퓨터로 야한 장면이

나오는, '청소년 관람 불가'가 붙은 영화를 보다가 들켰거든요. 엄마가

엄마가 언니를 혼내면서 미성년자가 이런 걸 보는 건 법을 어기는 거라고

하셨는데, 사실 저도 언니랑 몇 번 같이 봤거든요. 그런데 사람들이 흔히

'야동'이니 어쩌니 하면서 그런 영상 같은 걸 누구나 본다고 하잖아요.

청소년만 그런 걸 보면 안 되는 건가요?

한국에서는 '음란물'은 나이에 상관없이 판매하거나 구입하거나 배포하는

것이 모두 불법이에요. '음란물'로 분류되지는 않는 성(性)적인 표현을

담은 콘텐츠는 심의에 따라서 '청소년유해매체물'로 분류되기도 합니다.

'청소년 관람 불가' 표시된 영화도 여기에 해당합니다. 청소년이 그런

것을 보는 것은 불법이 아니지만, 청소년에게 '청소년유해매체물'을

제공하거나 판매하는 것은 불법이므로 청소년들이 합법적으로 접하기

어렵습니다. 또한 영상이나 사진에 나오는 사람의 동의 없이 촬영·배포된

불법 촬영물의 경우에는 소지·구입·시청하는 것 모두 처벌받게 됩니다.

한국에서는 나이를 가리지 않고 '음란물', 포르노 등을 제작·판매·구입·배포하는 것이 모두 불법이다.* 음란한 문서, 그림, 필름 기타 물건을 반포·판매·임대·전시·상영하면 처벌받게 된다. 또한 음란물을 배포하거나 판매할 목적으로 만들거나 수입하는 것도 불법이다.

법원이 제시한 음란물의 기준은, "사회 통념상 일반 보통인의 성욕을 자극하여 성적 흥분을 유발하고 정상적인 성적 수치심을 해하여 성적 도의관념에 반하는 것"으로, '전체적으로 관찰·평가하여 볼 때 단순히 저속하다거나 문란한 느낌을 주는 정도를 넘어 사람의 존엄성과 가치를 심각하게 훼손·왜곡하였다고 평가할 수 있을 정도로 노골적인 방법에 의하여 성적 부위 등을 적나라하게 표현 또는 묘사하는 것"이다.[11]

이처럼 불법임에도 사실 한국에서는 비교적 어렵지 않게 음란물, 포르노에 접근할 수 있다. 포르노 제작과 유통이 합법인 국가의 매체물들이 인터넷을 통해 공유되기도 하며, 불법적으로 촬영된 영상 등 성적 콘텐츠가 유통되는 것도 공공연한 사실이다. 인터넷 같은 경우 포르노에 접근하는 데는 실질적으로 나이

---

* 「형법」제243조, 제244조, 「정보통신망 이용촉진 및 정보보호 등에 관한 법률」 제44조의 7.

를 기준으로 규제가 이루어진다. 주민등록번호나 휴대전화 인증 등으로 성인인지를 확인한 뒤 접속을 허용하는 것이다.

음란물이 이처럼 청소년에게만 금지된 것처럼 취급되는 이유 중 하나는, '청소년유해매체물'이라는 분류도 존재하기 때문이다. 「청소년 보호법」상 '청소년유해매체물'로 분류된 영화 및 비디오물, 게임, 음악, 방송, 출판물 등은 청소년에게 판매하거나 대여하거나 배포하는 것이 금지되어 있다. 「청소년 보호법」 제9조에서는 청소년유해매체물의 기준으로 "청소년에게 성적인 욕구를 자극하는 선정적인 것이거나 음란한 것", "청소년에게 포악성이나 범죄의 충동을 일으킬 수 있는 것", "성폭력을 포함한 각종 형태의 폭력 행위와 약물의 남용을 자극하거나 미화하는 것", "청소년의 정신적·신체적 건강에 명백히 해를 끼칠 우려가 있는 것" 등을 들고 있다. 말하자면 '음란물'보다는 덜 음란한 것, 내용과 표현상 문제가 덜한 것이 '청소년유해매체물'로 분류되는 셈인데, 그 경계는 애매모호할 수밖에 없으며 시대에 따라 그 범위나 기준도 계속 변화한다. 그러다 보니 많은 사람들이 '음란물'과 '청소년유해매체물'을 구분하여 인식하기보단, 성性을 묘사한 콘텐츠를 '성인물'이라고 부르며 청소년들만 접해서는 안 될 것처럼 여기고 있다.

포르노의 금지 여부는 국가에 따라 법률이 다르게 되어 있다. 포르노도 표현의 자유의 문제라고 보는 경우도 있다. 하지만 허용과 금지의 문제 외에도 포르노를 둘러싼 쟁점은 다양하다. 예컨대 포르노가 합법인 나라에서도, 포르노 영화에 출연하는 배우들이 표면적으로는 동의했지만 사실상 강요당한 사례들이 있다. 그래서 이와 관련한 기준이나 규제를 마련한 나라들도 있다. 대부분의 포르노가 담고 있는 내용과 시선이 성차별적이라는 지적과 비평도 나온다.

합법적으로 제작된 포르노가 아닌, 다른 사람의 성행위나 신체를 몰래 또는 강제로 촬영한 영상물, 동의 없이 배포된 영상물의 문제도 있다. 이는 출연자의 동의를 받아 제작·배포되는 영상이나 창작된 그림, 소설 등과는 그 성격이 다르다. 성적 내용이라서 문제가 되는 것이 아니라, 누군가의 권리와 인격을 침해하고 착취하는 것이라 문제가 되는 것이다. 따라서 이러한 영상물을 촬영·배포하는 것은 물론 소지·구입·저장·시청하는 것도 「성폭력범죄의 처벌 등에 관한 특례법」에 의하여 성폭력 범죄로 처벌받는다. 다른 음란물이나 청소년유해매체물의 경우와 달리 시청만으로도 처벌하는 것이다. 특히 아동·청소년을 이용한 음란물은 '아동·청소년성착취물'이라 규정되며, 이를 구입하거나 소지·시청한 것 역시 형사 처벌의 대상이 된다.

현재 한국의 법과 사회 현실을 정리해 보면, 원칙적으로 음란물은 불법이지만, 사실상 성인들에게는 상당히 자유로우며, 청소년에게만 성적 콘텐츠가 해롭고 금지되어야 할 것으로 다뤄지고

있는 현실이다. 그러다 보니 오히려 사회에서 성을 어떻게 대해
야 하는지 충분히 논의되지 못하고, 성차별이나 성폭력, 성착취
등의 문제가 반복되는 것은 아닐까. 청소년에 대한 접근 금지, 나
이 규제만으로 우리 사회에 존재하는 여러 성에 관련된 문제들
에 대처할 수 없다는 것은 분명해 보인다.

청소년유해매체는 무엇이고
어떻게 정해지는 건가?

? 친구가 자기 집이 빈다고 같이 영화 보고 놀자고 했어요. 밤에 영화
채널에서 '청소년관람불가' 영화를 하길래 봤는데, 생각보다 별거
없더라고요. 엄청 충격적일 줄 알았는데 말이에요. 영화, 만화,
애니메이션, 드라마 같은 온갖 콘텐츠들에 '청불', '19금' 표시가 붙던데,
이런 건 어떤 기준으로, 누가 정하는 건가요?

! '청소년유해매체'는 「청소년 보호법」에 따라 청소년보호위원회가
심의, 결정하게 되어 있습니다. 또한 다른 법령들에 따라서
영화 등은 영상물등급심의위원회, TV 방송물이나 인터넷 매체는
방송통신심의위원회, 만화·소설 등은 간행물윤리위원회 등 각각의
심의 기관이 심의와 연령 분류를 합니다.

「청소년 보호법」 제2장에서는 청소년유해매체물의 결정 및 유통 규제를 다루고 있다. 이에 따라 정부는 청소년보호위원회라는 기구를 두고, 이 기구에서 어떤 매체물이 청소년에게 유해한지를 심의하여 청소년에게 유해하다고 인정되는 매체물을 청소년유해매체물로 결정한다. 또한 「청소년 보호법」 제7조(청소년유해매체물의 심의·결정)는 만약 다른 법령에서 해당 매체에 대한 다른 심의 기구나 절차가 있을 경우 해당하는 심의 기구의 판단을 기준으로 한다고 정하고 있다.

이에 따라 영화, 애니메이션, 뮤지컬, 연극 등은 영상물등급위원회의 심의를 거쳐야 하고, TV 프로그램이나 드라마 등의 방송물이나 인터넷 매체는 방송통신심의위원회, 만화나 소설, 잡지 등은 간행물윤리위원회, 게임물은 게임물등급위원회의 심의를 거친다. 이 중 게임물의 경우는 사실상 자율 규제화되어, 게임을 만들고 서비스하는 업체에서 자율적으로 심사하여 게임을 출시하면서 알리는 식이다. 이 외에 음반 등은 청소년보호위원회가 심의한다.

이와 같이 매체마다 적용되는 법률과 조항도 다르고, 매체물이 공개되기 이전에 심의하고 등급을 정한 후 공개하는 사전 심의인지, 공개 이후에 심의하는 사후 심의인지 등 방식도 다르다. 심의의 기준 또한 조금씩 다르고, 심지어는 '청소년'의 기준 연령도 만 19세와 만 18세로 서로 다른 경우도 있다.

　　심의의 절차가 제각각이어서인지 일관성 없는 결정이 나올 때도 많다. 예를 들면, 청소년보호위원회가 노랫말에 비속어나 성적 묘사, '담배'나 '술' 등의 단어가 들어간다는 이유로 대중음악을 청소년유해매체물로 결정하곤 하는 반면, 다른 매체에서는 같은 종류의 묘사가 별 문제 없이 넘어가기도 한다. 이런 결정에 대해 창작자 및 관계자들이 재심의를 요청하는 경우도 빈번하다. 여론에 따라 결정을 취소하기도 하는 등 그 기준에 대한 논란은 끊이지 않는다.

　　「청소년 보호법」 제9조(청소년유해매체물의 심의 기준)와 「청소년 보호법 시행령」의 별표2는 청소년유해매체물의 심의 기준을 제시하고 있다. 여러 심의 기관들도 취지상 이 기준을 따라야 한다. 그런데 이를 살펴보면 어느 정도 이해가 가는 것도 있는 한편, 상당히 모호한 기준들도 많다. "음란한 자태를 지나치게 묘사한 것", "동물과의 성행위를 묘사하거나 집단 성행위 (……) 그 밖에 사회 통념상 허용되지 아니한 성관계를 조장하는 것", "청소년을 대상으로 하는 성행위를 조장하거나 여성을 성적 대상으로만 기술하는 등 성 윤리를 왜곡시키는 것", "잔인한 살인·폭행·고문 등의 장면을 자극적으로 묘사하거나 조장하는 것", "역사적 사실을 왜곡하거나 국가와 사회 존립의 기본체제를 훼손할 우려가 있는 것", "저속한 언어나 대사를 지나치게 남용하는 것", "청소년에게 불건전한 교제를 조장 또는 매개할 우려가 있는 것"

등이다. "지나치게"나 "사회 통념"과 같은 주관적 판단이 충분히 가능한 기준들이 여럿 눈에 띈다. '음란한 자태를 지나치게 묘사한 것'이란 어느 정도부터 '지나친' 것이 되는 것일까? '불건전한 교제'는 누가 어떻게 정하는 것일까?

헌법재판소는 이러한 기준이 불명확하여 이를 근거로 형사처벌을 하는 것은 헌법에 위배된다는 문제 제기에 대해, "청소년에게 유해한 매체물을 적시하여 청소년에 대한 판매·대여 등을 제한하고자 하는 경우에는 각 매체물의 내용을 실제로 확인하여 유해성 여부를 판단할 수밖에 없는데, 그때마다 법 또는 하위법령을 개정하여 직접 개별 매체물을 규정하는 것은 현실적으로 거의 불가능"하므로 청소년보호위원회 등 행정 기관에 판단을 위임한 것은 어쩔 수 없는 일이라 판결했다. 또한 법령상 기준이나 이미 청소년유해매체물로 판단된 목록을 고시하고 있어 무엇이 청소년유해매체물인지 보다 명확하게 예측할 수 있으므로 헌법에 위반되지 않는다고 판결했다.[12] 그럼에도 「청소년 보호법」 제9조와 「청소년 보호법 시행령」 별표2에서 제시한 기준은 여전히 그 범위를 명확하게 파악하기 어렵다. 게다가 이러한 기준들은 심의하는 사람들의 주관적 가치관에 영향을 받기 쉬운 부분이 많은데 심의를 담당하는 사람들은 대부분 사회의 주류적 지위에 있는 성인으로서 그들의 가치관에 따라 판단하므로 보편적 관점을 충분히 담아내지 못할 우려도 있다.

청소년유해매체물을 정하고 이를 청소년이 접하지 못하게 하는 법에는, 청소년을 해르운 것으로부터 보호한다기보다는 청소년을 특정한 방향으로 교육하고 선도하려는 의도가 반영되어 있다. 과거에는 「청소년 보호법 시행령」에 '동성애'를 다룬 것이 청소년에게 유해하다고 심의 기준이 제시되어 있었으나, 인권단체들이 문제를 제기하고 2003년 국가인권위원회가 해당 조항을 삭제하라고 권고하면서 심의 기준에서 사라지게 되었다. 또한 동일한 영화가 한국에서는 청소년관람불가로 결정되었으나 외국에서는 청소년도 관람할 수 있는 등급을 받는 사례도 빈번하다. 수년 전이라면 '19금' 딱지가 붙었을 만한 내용의 책 등이 사람들의 인식 변화에 따라 청소년유해매체로 분류되지 않기도 한다.

매체물에 연령 등급을 부여하고 청소년유해매체물을 지정하고 청소년이 접근하지 못하게 하는 제도에 긍정적 효과도 있을 것이다. 그러나 그러한 심의와 제한이 특정한 가치관에 따른 자의적인 것일 수 있다는 한계를 잊어서는 안 된다. 미디어는 사회를 반영하는 것인데, 생활 속에서 실제로 여러 폭력이나 차별, 부조리 등을 접하게 되는데 매체물을 통제하는 것만으로 얼마나 의미가 있을지도 의문이다. 나아가 심의의 과정에서 청소년들의 의견이 반영될 수 있도록 하고, 청소년이 자신이 원하는 매체와 정보에 접근할 권리와도 조화를 이를 수 있도록 고민해야 할 것이다.

성적인 영상을
찍으라고 협박당하는데
어떻게 해야 할까?

? 어떡하죠? SNS에서 알게 된 사람이 제 계정을 해킹했는지
제 개인정보를 알아내서는, 저한테 성적인 영상을 찍어 보내라고
협박하고 있어요. 제가 SNS에서 부모님한테 알리기 좀 그런 내용의
계정을 운영했거든요……. 부모님에게 알려지는 건 무섭고,
그렇다고 시키는 대로 하자니 더 큰 문제가 될 것 같고, 어떻게 하죠?
법적으로는 어떻게 도움을 받을 수 있을까요?

! 위협을 통해 어떤 일을 하도록 강요하는 것은 「형법」상 협박죄에
해당하며, 본인이 원치 않는데도 성적인 영상을 촬영·배포하는
것은 「성폭력범죄의 처벌 등에 관한 특례법」으로도 처벌됩니다.
특히 「아동·청소년의 성보호에 관한 법률」(「청소년성보호법」)에
따라 아동·청소년에게 그러한 영상을 찍도록 하는 등의 행위는
더욱 강하게 처벌할 수 있습니다. 이런 경우 정부에서 운영하는
디지털성범죄피해자지원센터에 상담하여 도움을 받을 수 있습니다.
재판 등의 법적인 대응에서는 부모·보호자가 알게 될 가능성이 높으나,
영상물의 삭제 지원은 부모·보호자의 동의 없이도 가능합니다.

성적 욕망 또는 수치심을 유발할 수 있는 타인의 신체를 본인의 의사에 반하여 몰래 또는 강제로 촬영하는 행위를 '불법 촬영'이라 부른다. 이는 개인의 인격과 사생활을 훼손하며 성적으로 착취하는 성범죄에 해당한다. 인터넷이 발달하며 이러한 불법 촬영물을 배포·판매하는 등의 성범죄가 늘어나고 있고, 청소년도 그 피해자나 가해자가 되곤 한다. 불법 촬영 행위나 불법 촬영물을 배포·소지·시청하는 일은 「성폭력범죄의 처벌 등에 관한 특례법」에 의하여 처벌받는다.

또한 「청소년성보호법」은 '아동·청소년성착취물'(2020년 개정 이전엔 '아동·청소년이용음란물')을 금지하고 이를 제작·배포·판매·구입·소지·시청하는 것을 한층 더 강하게 처벌하고 있다(제11조). 아동·청소년성착취물은, 본인의 의사에 반하여 촬영되었는지와 상관없이, 영상 등에 아동·청소년이 등장하기만 한다면 모두 해당된다.

「아동·청소년의 성보호에 관한 법률」은 아동·청소년을 대상으로 저질러지는 성범죄를 처벌하고 피해자를 보호하기 위한 특별법이다. 2000년에 만들어진 「청소년의 성보호에 관한 법률」에서 아동도 보호할 대상임을 분명히 드러내기 위해 이름을 바꾸고 내용을 추가하여 2009년부터 시행되었다. 이는 아동을 대상으로 한 성폭력 범죄 등이 여러 차례 이슈화가 되었고, 이러한 성범죄를 방지하고 가해자를 강력하게 처벌해야 한다는 공감대가 생겨났기 때문이었다. 내용도 보충되어 법률에서 다루는 성매매·성폭력 등의 범위를 확대하고 성폭력 가해자에 대한 처벌을 강화했다.

「형법」과 「성폭력범죄의 처벌 등에 관한 특례법」, 「성매매방지 및 피해자보호 등에 관한 법률」에서도 강간, 성추행, 성매매 등을 금지하고 처벌하고 있다. 「청소년성보호법」은 이에 더해서, 아동·청소년을 대상으로 위계(거짓말이나 속임수)나 위력(겁을 주고 권력을 행사하는 것)으로 성폭력을 가하는 행위, 아동·청소년의 궁박窮迫한 상태(경제적·심리적 어려움 등으로 가난하고 곤란한 처지에 있는 것)를 이용하여 성폭력을 가하는 행위, 협박이나 강요로 성매매를 하도록 하는 행위 등도 처벌하고 있다. 즉 아동·청소년이 사회적 약자이기 때문에 더 당하기 쉬운 성폭력 피해나 성매매 강요 등도 처벌할 수 있게 했다는 의의가 있다.

「청소년성보호법」은 피해자가 수사 과정에서 편안한 상태에서 진술과 증언 등을 할 수 있는 환경을 조성하고(제25조), 믿을 수 있는 사람의 도움을 받아 함께 진술할 수 있도록 하는(제28조) 등 아동·청소년 피해자를 지원하기 위한 내용을 담고 있다. 아동·청소년이 상담 치료나 다른 보호 조치를 받을 수 있도록 하는 내용도 있다. 또한 아동·청소년은 성을 사는 행위의 대상이 된 경우에도 「청소년성보호법」이 정하는 피해 아동·청소년으로서 필요한 지원을 받을 수 있고(제2조 제6호, 제38조), 〈성매매알선

등 행위의 처벌에 관한 법률〉로 처벌받지 않아도 된다. 이는 「청
소년성보호법」이 '성매매 청소년들도 처벌과 통제의 대상으로
인식되었던 것에서, 규율의 주 대상을 성을 사는 구매자로 바꾸
고 이들에 대한 단속과 처벌을 통해 청소년 성매매 문제를 해결
하자는 인식의 전환'에 따라 제정된 취지[13]를 반영한 것이다. 그
밖에도 성폭력, 성착취 등의 피해를 입은 청소년은 「청소년성보
호법」에 따른 지원을 기대할 수 있다.

「청소년성보호법」에 따라 아동·청소년에 대한 성범죄를 보다 강하게 처벌할 수 있지만, 실제 사건에서는 대상이 아동·청소년임을 가해자가 명확히 인식하고 있었다고 입증되어야만 이 법을 적용할 수 있다는 한계가 있다. 2016년 고등법원은 만 16세 청소년에 대한 강간 미수 사건에서, 피해자의 외모나 행동 등을 언급하며 청소년이라 보기 어려웠을 거란 이유로 「청소년성보호법」을 적용하지 않는 판결을 하기도 했다.(해당 판결은 검찰에서 나이 주장 부분에 대하여는 대법원에 상고하지 않아서, 이 부분 판결은 2심인 고등법원에서 확정되었다.) 이처럼 겉보기에 청소년이라고 알기 어려웠다며 법을 적용하지 않는 것은, 가해자에 대한 재판 과정에서 피해자의 행실이나 외모가 사회가 요구하는 '어린이·청소년다웠는지' 여부를 따지고 판단하게 만드는 문제점을 낳는다.

> 원심은, 기록에 의하여 인정되는 다음과 같은 사정들을 종합하면, 검사가 제출한 증거들만으로는 피고인이 이 사건 범행 당시 피해자가 아동·청소년에 해당한다는 사실을 미필적으로라도 인식하고 있었음이 합리적 의심의 여지가 없을 정도로 증명되었다고 보기 어렵다고 판단하였

다. (……) ② 피해자가 중학교를 중퇴한 이후 계속 사회생활을 하여 온 점, 키가 160cm 후반대로 큰 편이고, 머리는 긴 생머리에 염색을 하였으며, 옷도 교복이 아닌 레깅스, 후드 상의 등을 입고 있었고, 화장까지 하였던 점, 피고인 앞에서 자연스럽게 담배를 피우기 까지 하였던 점 등에 비추어 보면, 피해자의 외모나 행동만으로 그 나이를 가늠하기 어려웠을 것으로 보인다. ③ 피고인은 야간인 22:00경 골목길에서 피해자를 만나 곧바로 자신의 차량에 태우고 어두운 공사현장까지 운전하여 가서 그곳에 정차한 다음 차량 안에서 성관계를 시도하였으므로, 그때까지 밝은 곳에서 피해자를 볼 기회가 없었다. (……) 원심판결에 설시된 위와 같은 사정들에 의하면, 기록상 제출된 증거단으로는 피고인이 이 사건 강간치상 범행 당시 피해자가 아동·청소년이라는 사실을 미필적으로라도 인식하였다는 점이 합리적 의심의 여지가 없을 정도로 증명되었다고 보기 어려우므로, 원심의 위와 같은 판단은 정당하고, 거기에 검사의 주장과 같은 사실오인의 위법이 없다.[14]

청소년이 등장하는
야한 만화를 보는 것은
불법인가?

? 스마트폰으로 저랑 비슷한 나이인, 중학생 캐릭터가 나오는 좀 야한 만화를 찾아서 봤는데요. 친구가 옆에서 슬쩍 보더니 "그런 거 보면 잡혀간다"라고 말하더라고요. 청소년이 등장하는 야한 만화를 보는 것이 법 위반인가요?

! 「청소년성보호법」에는 아동·청소년이 등장하여 성적인 행위를 하는 그림이나 영상 등의 매체물을 금지하는 조항이 있습니다. 그런데 이 법은 실제의 사람이 등장하지 않는 가상의 만화 등에도 적용되므로, 그러한 만화를 만들거나 배포하거나 보는 것은 법 위반일 가능성이 있습니다.

「청소년성보호법」에서는 아동·청소년성착취물을 "아동·청소년 또는 아동·청소년으로 명백하게 인식될 수 있는 사람이나 표현물이 등장"하여서 성교 행위나 그 밖의 성적 행위 등을 하는 내용을 표현하는, 필름·비디오물·게임물 또는 컴퓨터나 그 밖의 통신 매체를 통한 화상·영상 등이라고 정의하고 있다. 여러 나라가 아동·청소년에 대한 성착취, 성폭력을 방지하기 위하여 아동·청소년성착취물을 제작하거나 배포하거나 소지, 시청하는 것을 처벌하고 있다.

그런데 이 법률이 실제로 아동·청소년을 착취하여 만들어진 것이 아닌 경우에도 적용되면서 논란이 일었던 바 있다. 가상의 아동·청소년 캐릭터가 등장하는 만화나 애니메이션, 일러스트 등을 아동·청소년성착취물로 보는 것이 법의 취지에 맞는 것인지, 과한 규제는 아닌지 등의 비판이 제기되었던 것이다. 또한 성인인 배우가 청소년으로 설정된 캐릭터를 연기한 것도 처벌 대상인지, 반대로 설정상 아동·청소년이 아니지만 외모가 어려 보이면 처벌 대상인지, 어려 보인다는 기준은 어느 정도인지 등의 판단 기준 역시 논란이 되었다.

여기에 더해 청소년이 자발적으로 성적인 표현물을 만들거나 배포한 경우도 아동·청소년성착취물로 보는 것이 적절한지 논란의 소지가 있다. 현행법으로는 청소년이 자신의 성적인 모습을 자발적으로 촬영한 경우에도 아동·청소년성착취물을 제작하였다고 처벌받을 수 있다. 가령 자신의 성적 모습을 촬영하여 올린 청소년들이 이 때문에 협박을 당하게 되어도 쉽게 협박 피해를 말할 수 없게 된다는 문제점이 지적된다.

아동·청소년을 이용, 착취하여서 성적인 콘텐츠를 만들고 소비하는 것은 심각한 인권 침해 행위로 처벌받아 마땅하다. 그런데 가상의 아동·청소년 캐릭터를 상상하여 표현한 것이 이와 같은 차원의 문제로 처벌받아야 하는지는 단언하기 어렵다. 특히 청소년 입장에서는 자기 또래의 캐릭터가 등장하는 콘텐츠를 상상하여 창작하거나 소비하는 것이나 자발적으로 자신의 성적인 모습을 표현하는 행위가 특별히 더 큰 범죄로 처벌받는 것이 부당하게 느껴질 수 있기에, 개선책은 없을지 생각해 볼 문제이다.

청소년은
성관계를 가지면
안 되는 건가?

? 몇 년째 사귀는 애인이 였어요. 저는 이제 고1이고, 애인은 막 고등학교를 졸업했어요. 얼마 전에 처음 성관계를 했는데요. 그때 샀다가 남은 콘돔을 부모님이 보게 돼서 노발대발하셨어요. 비청소년이 청소년과 성관계를 한 건 불법이라며 내 애인을 고소하겠다고 하는데, 제 애인이 처벌받게 되나요?

! 만 19세 이상의 사람이 만 16세 미만 청소년과 성관계를 하면 비록 서로 동의하여 한 것이더라도 '강간의제'라는 제도에 따라 처벌받을 수 있습니다. 그러므로 본인이 아직 만 16세가 되는 생일이 안 지났으며 애인이 만 19세 생일이 지났다면 처벌을 받을 수도 있습니다.

만 19세 미만 청소년이라고 해도 법적으로는 성적인 행동을 하고 성관계를 가지는 것을 금지하지 않는다. 그렇지만 만 16세 미만인 경우와 특히 만 13세 미만인 경우에는 합의된 성관계라 하더라도 성폭력으로 간주하고 처벌하는 제도가 있다(「형법」 제305조). 16세 미만의 사람에 대하여 만 19세 이상의 사람이 간음 또는 추행을 한 경우 법적으로는 각각 강간, 강제추행 등의 성폭력 범죄로 간주한다. 그 대상이 13세 미만일 경우에는 피의자의 연령에 상관없이 그렇게 간주한다.

법률에서 '간음'과 '추행'은 강제로 한다는 의미가 포함되지 않은, 성관계나 성적 신체 접촉을 가리키는 말이다. 즉, 이 법은 청소년이 성관계에 대해 동의 의사를 밝혔거나 명확히 거부하지 않은 경우라도 본인과 상대방의 나이에 따라선, 청소년의 동의를 인정하지 않고 강제로 한 경우와 다름없이 대처한다는 의미이다. 성에 관한 인식이 제대로 확립되지 않았고, 자신의 신체에 대한 결정권을 제대로 행사하기 어렵다고 보기 때문이다. 이러한 제도를 '강간의제' 또는 '의제강간'이라 부른다. '의제'는 사실이 아니더라도 그렇게 본다는 법률 용어로, '강간의제'란 강간이 아니더라도 법적으로는 강간과 같은 것으로 본다는 뜻이다. 또한 제305조 제2항은 만 19세 이상인 사람이 만 13세 이상 만 16세 미만인 청소년과 성관계 등을 했을 경우 이러한 강간의제를 적용하여 처벌한다는 내용이다. 요컨대 만 13세 미만은 어떤 경우에도 성관계를 가지면 성폭력을 당한 것으로 간주하고, 만 13~16세는 만 19세 이상의 성인과 성관계를 가지면 성폭력을 당한 것으로 간주하여 상대방에게 형사 처벌을 한다는 법이다. 이에 더하여, 원칙적으로는 합의된 성적 관계를 처벌하기 위한 것은 아니나, 「아동복지법」에 따라 만 18세 미만의 청소년에게 성적 행위를 시킨 경우는 '성적 학대 행위'로 처벌받을 수도 있다.

강간의제 제도는 사회적 약자이며 정보나 결정권을 행사할 경험, 의식 등이 부족한 청소년이 성적으로 착취당하거나 폭력을 당하는 것을 예방하기 위해 존재한다. 청소년이 성적 피해를 입지 않고 건강하게 성장할 권리를 위한 것이기도 하다. 그러나 다른 한편으론 청소년은 성적 행위를 해선 안 된다는 보수적 가치관에 따라 청소년의 성을 통제하는 방식으로 적용될 가능성도 있다. 때문에 동의 없는 성적 행위를 처벌하는 범위를 확대하고, 청소년이 위계·위력 아래 온전히 자기결정권을 행사할 수 없는 상황을 폭넓게 인정하며, 피해자의 호소에 귀 기울이고 피해자를 잘 지원하도록 제도를 개선하는 것이 더욱 중요하다는 지적도 있다.

청소년을 지원하는
제도나 청소년을 위한
시설은 무엇이 있을까?

저는 학교 마치고 나서 갈 곳이 없어서 고민스러워요.

집이 그리 잘사는 편이 아니라서 친구들이랑 돈 쓰면서 카페 같은 데

가기도 좀 부담스럽고요. 학원도 안 다니고……. 할머니, 할아버지들은

노인회관 같은 데 모이던데, 청소년들이 이용할 수 있는 그런 시설은

없나요? 그리고 저같이 가난한 청소년이 받을 수 있는 지원은 없을까요?

지역 사회에는 법령에 따라 지자체가 만든 청소년문화의집이나

청소년수련시설 등이 있습니다. 그곳에서 저렴하게 여러 가지 여가

활동이나 교육 활동 등에 참여할 수 있습니다. 또한 청소년은 가정 사정에

따라서 생계, 건강, 학업, 상담 등의 지원을 받을 수 있습니다.

지역 사회에서는 시민들이 이용할 수 있는 다양한 공공시설을 만들곤 한다. 특히 청소년들은 사회적·경제적 약자이기 때문에 청소년을 위한 시설은 따로 만들도록 법으로 정하고 있다. 「청소년 기본법」은 국가 및 지방자치단체가 청소년시설을 설치하고 운영할 의무가 있으며, 국가 및 지방자치단체 외의 사람이나 단체도 청소년시설을 설치하고 운영할 수 있다고 정하고 있다. 이러한 청소년시설에서는 방과 후 프로그램, 청소년 수련 활동, 동아리 활동, 여행 등 여러 가지 여가 활동이나 교육 활동 등에 참여할 수 있다.

청소년들이 일상적으로 지역 사회에서 이용하기 편한 시설은 청소년문화의집이나 청소년수련관이다. 「청소년활동 진흥법」은 광역시·도에서는 청소년수련관을 1개 이상 설치·운영하여야 하며, 읍·면·동에는 청소년문화의집을 1가 이상 설치·운영하여야 한다고 지자체에 의무를 부여한다(제11조). 하지만 청소년문화의집의 경우 2017년 기준 전국 읍·면·등의 7.1%에만 있다. 법이 제대로 지켜지지 않아 청소년들의 권리가 침해당하고 있는 것이다. 다른 나라들과 비교했을 때에도 청소년 인구 대비 청소년활동시설 수가 매우 적은 편이다.

어려운 상황에 처한 청소년을 위한 시설이나 지원도 여럿 존재한다. 「헌법」 제34조 제4항은 "국가는 노인과 청소년의 복지 향상을 위한 정책을 실시할 의무"가 있다고 하며, 「유엔아동권리협약」은 협약에 가입한 국가는 아동 복지에 필요한 보호와 배려를 보장해야 한다고 하고 있다(제3조 제2항).

예를 들어, 집을 나와서 갈 곳이 없는 청소년들은 청소년쉼터에서 생활할 수 있다. 나이가 어리고 장기간 생활할 곳이 필요한 청소년은 아동복지시설에서 생활할 수도 있다. 가난한 청소년은 기초 생활 보장 제도 등에 따른 지원을 받을 수도 있고, 「청소년복지 지원법」에 의한 지원을 받을 수도 있다. 정부가 정한 소득 기준보다 적은 소득을 가진 가정에서 지내며 지원이 필요한 청소년, 학교 밖 청소년, 보호자가 없거나 실질적으로 보호를 받지 못하고 있는 청소년들은 '특별 지원' 대상으로 선정될 수 있다. 「청소년복지 지원법」에 따라 제공되는 특별 지원은 생활 지원, 학업 지원, 의료 지원, 상담 지원, 법률 지원 등이며, 이러한 지원을 받으려면 특별 지원을 신청하여 대상 청소년으로 선정되어야 한다. 또한 이 법률은 지역마다 청소년에 대한 상담·긴급 구조·자활·의료 지원 등을 하는 청소년상담복지센터를 두도록 하고 있다. 「청소년복지 지원법」은 대중교통의 요금이나 유적지, 박물관 등 문화시설의 요금 등을 할인해 주는 내용도 담고 있다.

「위(Wee) 프로젝트 사업 관리·운영에 관한 규정」에 따라 설치된 위 센터는 학교폭력 가해·피해 학생을 포함한 위기 학생에 대한 상담과 자문 등 다양한 지원 사업을 추진한다. 또한, 학교에 다니지 않는 학교 밖 청소년은 「학교 밖 청소년 지원에 관한 법률」에 따라 상담 지원, 교육 지원, 직업 체험 및 취업 지원, 자립 지원 등을 받을 수 있다. 장애를 가진 청소년은 「장애아동복지지원법」에 따라 의료 지원, 보조 기구 지원, 발달 재활 서비스 지원, 보육 지원, 문화·예술 지원 등을 받을 수 있다. 성범죄 피해를 입은 청소년은 「청소년성보호법」에 따라서 상담 및 치료와 보호를 받을 수 있다. 「아동복지법」, 「아동학대처벌법」 등에 따라 아동 학대 피해를 입은 청소년이 받을 수 있는 지원도 있다. 자신에게 필요한 지원이 무엇이 있는지, 법적으로 어떤 지원이나 도움을 받을 수 있는지는 지역의 청소년 관련 시설이나 청소년상담복지 센터, 주민센터 등을 통해 알아보고 연결받을 수 있을 것이다. 다만, 청소년 관련 시설이 통합되어 있지 않고 각 부처와 기관별로 분절적으로 이루어져서, 청소년들이 적시에 필요한 도움을 받기 어려운 문제가 있다. 가정과 학교의 경계를 넘어 어디에서든 청소년이 자신의 현재적 필요를 존중받을 수 있도록, 보다 유기적인 통합 지원 체계와 법 제도가 마련될 필요가 있다.

청소년은 범죄를
저질러도 처벌을
안 받는다는 게
정말일까?

? 웹툰을 보는데 한 아이가 '신고해 봤자 나는 미성년자라 감옥
안 가'라고 말하면서 약한 아이를 마구 때리는 장면이 나왔습니다.
인터넷 기사 댓글에서도 비슷한 말을 몇 번 본 적이 있어요. 소년법
때문에 청소년들은 범죄를 저질러도 처벌을 거의 받지 않기 때문에
마구 범죄를 저지른다고요. 그게 사실인가요?

! 만 14세 이상의 청소년은 범죄를 저지르면 형사적 처벌을 받습니다. 또한
만 10세 이상이면 형사적 처벌은 아니어도 사실상 처벌의 성격이 있는
보호처분을 받을 수 있습니다. 만 14세 이상 만 19세 미만의 청소년은
범죄의 내용에 따라서 형사 재판과 형사 처벌을 받을지 소년재판과
보호처분을 받을지가 검찰과 법원의 판단에 따라 달라지게 됩니다.

청소년은 범죄를 저질러도 처벌받지 않는다고 생각하는 사람들이 있지만, 이는 정확한 사실이 아니다. 나이에 따라, 범죄의 내용 등에 따라 적용되는 법이 다르며, 형사상 처벌을 받지 않는다 해도 다른 방식으로 책임을 지거나 형사 처벌과 유사한 처분을 받게 될 수 있기 때문이다. 청소년은 범죄를 저질러도 처벌을 받지 않는다는 오해는, 범죄를 부추기는 부작용을 초래할 위험도 있어서 바람직하지 않다.

「소년법」은 청소년에 대한 「형법」의 특별법으로, 범죄를 저지르거나 반사회성이 있는 청소년, 또는 이에 준하는 행동을 한 청소년에게 보호처분 등의 필요한 조치를 하고, 형사처분에 관한 특별 조치를 하도록 하는 법이다. 만 19세 미만 청소년이 범죄를 저지른 경우 적용된다.

「형법」은 만 14세 미만은 행동을 책임질 능력이 없는 '형사 미성년자'로 보아 처벌하지 않는다고 하고 있다(제9조). 「소년법」 제4조(보호의 대상과 송치 및 통고)에서는 만 14세 미만이더라도 만 10세 이상이면 범죄를 저지른 경우 가정법원이나 지방법원 소년부로 송치하여 '보호처분'을 내릴 수 있다고 적용 범위를 확대하고 있다. 그리고 만 14세 이상 만 19세 미만이 범죄를 저지른 경우엔 「형법」에 따른 형사 재판을 받거나 「소년법」에 따른 소년보호재판을 받게 된다.

「소년법」상 보호처분은 형벌과는 다른 것으로 분류된다. 그러나 그중에는 자유박탈, 구금 등 「형법」상의 처벌과 같은 성격을 띠는 종류도 있다. 흔히 청소년들이 범죄를 저지르면 감옥 대신 갇히게 되는 시설로 언급되곤 하는 '소년원'도 보호처분의 일종이다. 가장 무거운 보호처분을 받으면 소년원에 최장 2년 동안 수용될 수 있다. 보호감호소 등에 감호 위탁되는 경우도 외출 등이 통제되며 시설에 갇히게 되는 것이다. 소년원 구금 기간이 끝난 후 일정 기간 외출의 금지나 봉사, 상담을 명하는 것도 가능하다. 전과가 남지 않을 뿐, 자유를 박탈당하고 시설에 구금되어 격리되는 점은 징역·금고형 등과 유사하다. 그렇기에 사실상 한국의 형사미성년 연령 기준은 만 10세로 봐야 한다는 지적도 있다.[15] 또한 만 14세 이상 청소년은 일반적인 형사 재판을 받고 동일하게 처벌받을 수 있어, 「특정강력범죄의 처벌에 관한 특례법」 등에 따르면 20년의 징역형까지 선고 가능하다. 그리고 청소년이 범죄를 저질러 피해를 입힌 경우 형사 처벌을 받지 않더라도, 청소년이나 그 부모·보호자가 피해자에게 민사상 배상을 해야 할 책임은 져야 할 수 있다.

게다가 「소년법」에는 범죄를 저지르지 않았지만 '죄를 저지를 가능성이 있는' 청소년에게 법적 조치를 가하는 내용도 있다. "다음 각 목에 해당하는 사유가 있고 그의 성격이나 환경에 비추어 앞으로 형벌 법령에 저촉되는 행위를 할 우려가 있는 10세 이상인 소년"은 소년부 보호사건으로 심리한다고 하며, "집단적으로 몰려다니며 주위 사람들에게 불안감을 조성하는 성벽이 있는", "정당한 이유 없이 가출하는", "술을 마시고 소란을 피우거나 유해환경에 접하는 성벽이 있는" 청소년에게 보호처분을 할 수 있다는 조문이다(제4조). 이는 범죄를 저지르지 않은 청소년을 예비 범죄자로 간주하고 처벌 성격이 있는 조치를 취하는 제도이기에 2016년 국가인권위원회는 우범소년 관련 조항을 삭제하라고 권고했으며, 2019년 유엔아동권리위원회도 우범소년 제도 폐지를 권고한 바 있다. 「소년 비행 방지를 위한 UN 지침」(리야드 가이드라인)에서도 "성인이 행할 경우 범죄로 간주하지 않거나 처벌하지 않는 행위는, 청소년이 행할 경우에도 범죄로 간주하지 않거나 처벌하지 않아야" 한다고 규정하고 있다. 2020년 법무부 산하 소년보호혁신위원회도, 우범소년 규정은 연령을 이유로 하는 차별적 처우로서 위기 청소년에 대한 낙인을 강화하며, 더욱이 우범소년에 대한 통고는 자의성이 개입할 여지가 높다는 점을 지적하면서 '우범소년 규정을 폐지할 것'을 권고했다.

온라인에서 욕하고
괴롭히는 일엔 어떻게
대처해야 하지?

SNS에서 어쩌다가 모르는 사람이랑 사회 문제에 대해 언쟁이 좀
붙었는데요. 그 사람이랑 같은 그룹 사람들이 우르르 제 계정에 몰려와서
욕하는 글을 쓰고, 제가 예전에 올린 사진이나 학교 이름 같은 걸 퍼
가면서 안 좋은 말을 막 달고 있어요. 너무 스트레스를 받고 힘든데,
하나하나 신고를 하기도 힘들고, 계정을 없애자니 완전히 지는 것 같아서
너무 기분 상하고……. 저런 행동은 법으로 어떻게 막을 수 없나요?

우선은 정보통신 서비스 제공자에게 명예훼손 게시물을 삭제하거나
임시로 접근을 차단하도록 하는 조치를 요구할 수 있어요. SNS 등
온라인 공간에서도 명예훼손죄나 모욕죄가 적용되므로, 작성한 글을
저장하여 증거를 모으고 고소하여 형사 처벌을 받게 할 수 있습니다. 또한
명예훼손이나 사생활 침해 등에 대한 고소에 필요한 가해자의 인적 사항
정보를 정보통신 서비스 제공자에게 요청할 수 있습니다.

온라인은 다수의 사람들에게 공개되어 있는 곳이기 때문에 집단적인 괴롭힘을 당하거나 사생활이 널리 퍼지거나 하는 문제가 일어날 수 있다. 누군가를 모욕하거나 누군가에 대한 허위 사실을 쓰면 여러 사람이 이를 볼 수 있고 전파될 가능성도 높다.

「형법」은 다른 사람이 듣거나 보거나 알 수 있도록 욕설이나 언어폭력을 가하는 것(모욕)이나 (공익적 목적이 아님에도) 사실 또는 거짓을 이야기하여 사회적 평가를 저하시키는 것(명예훼손)을 처벌하고 있다. 「형법」상 명예훼손죄나 모욕죄 조항과 별도로, 「정보통신망 이용촉진 및 정보보호 등에 관한 법률」은 "이용자는 사생활 침해 또는 명여훼손 등 타인의 권리를 침해하는 정보를 정보통신망에 유통시켜서는 아니 된다"라고 하고 있다. 또한 이러한 게시물로 인한 피해를 줄이기 위해, 사생활 침해나 명예훼손 등으로 권리를 침해당한 사람이 신청하면 정보통신 서비스를 제공하는 회사(포털 사이트, 게시판 운영자, SNS 서비스 회사 등)는 그 게시물을 삭제하거나 접근을 임시적으로 차단하는 조치를 취해야 한다. 방송통신심의위원회의 권익보호국을 통해, 권리 침해 정보를 완전히 삭제하도록 하거나 사생활 침해 또는 명예훼손 등의 문제에 대해 분쟁 조정을 할 수도 있다.

모욕이나 명예훼손은 형사상 처벌받을 수 있는 범죄 행위이므로, 이러한 일을 당했다면 민·형사상 고소하여 가해자를 처벌하고 배상을 받을 수 있다. 그러기 위해서는 모욕죄나 명예훼손죄의 증거가 될 내용을 저장, 수집해 둔 뒤 경찰에 고소장을 접수하여야 한다. 「정보통신망 이용촉진 및 정보보호 등에 관한 법률」에 따라 민·형사상 소송을 위해 필요한 가해자의 인적 정보를 청구하면, 방송통신심의위원회는 청구를 심의하여 정보통신 서비스 제공자가 보유한 인적 정보를 제공케 할지 여부를 결정한다.

「학교폭력예방 및 대책에 관한 법률」에서는 '사이버 따돌림'을 인터넷, 휴대전화 등을 이용하여 학생들이 지속적·반복적으로 심리적 공격을 가하거나, 개인정보 또는 허위 사실을 유포하여 상대방이 고통을 느끼도록 하는 일체의 행위라고 정의하며 학교폭력의 일종으로 규정하고 있다. 그러므로 학생들 사이에서 일어난 사이버 따돌림은 학교폭력 관련 법과 절차에 따라서 처리할 수도 있다.

온라인에서의 악플이나 언어폭력, 집단 괴롭힘, 명예훼손 등은 파급력이 크고 위험하다. 때문에 게시물 접근을 차단하는 임시 조치 등으로 확산을 막는 따위의 제도를 두고 있는 것이고, 온라인상의 집단 괴롭힘 등을 더 강하게 처벌해야 한다는 의견도 있다. 사람들이 악플이나 모욕, 언어폭력 등에 무분별하게 노출되지 않는 환경을 만들어야 하는 필요성은 크다. 다만, 임시 조치 제도가 기업이나 공인에 대한 비판이나 불만 제기를 막아 버리는 데 남용되는 등 언론·표현의 자유를 침해하는 문제도 일어나고 있어 제도의 개선도 필요하다.

III.

인권,
교문을 넘었나

초·중등교육법과
학생인권

학생인권 보장을 위한 법도 있나?

학교에서 체벌은 허용되어 있나?

두발·복장 규제는 법적인 문제가 없나?

교사가 학생 가방을 함부로 뒤져도 되는 걸까?

기독교 재단에서 세운 학교에 다니면 예배도 드려야 하나?

학교폭력은 법적으로 어떻게 대처할 수 있나?

임신한 학생은 학교에 다닐 수 없나?

학교에서 억울하게 퇴학당했는데, 그냥 받아들여야 하나?

학교 규칙을 정할 때 학생도 참여해야 하는 거 아닌가?

학교에서 뭘 어떻게 배울지 법에 다 정해져 있나?

학원에서 체벌을 하고 밤 12시까지 공부를 시켜도 되는 건가?

청소년 중 다수는 초등학교, 중학교, 고등학교에 재학 중인 학생이기도 하다. 학생들은 하루에 짧으면 약 6시간, 길면 12시간 이상씩을 학교에서 생활하곤 한다. 학교에서 이루어지는 교육 활동이 청소년의 삶에 큰 영향을 미치기도 한다. 그만큼 학교는 많은 청소년의 생활에서 중요한 공간이다.

역사적으로 한국의 초·중등 학교들은 학교 규칙이나 관행에 따라 학생들의 생활을 규율해 왔고, 그 과정에서 학생의 인권이 무시당하는 일도 잦았다. 이는 초·중등 학교의 학생들은 미성년자란 이유로 인권을 쉽게 침해당하고 학교와 학생 사이의 관계를 특별한 관계라 보면서 학생의 기본권은 다른 시민들의 경우와 달리 더 쉽게 제한될 수 있다는 주장이 오랫동안 통용되었던 탓이다. 학교의 행정 사항이나 교육과정을 정하는 법은 세세하게 있었던 반면, 학생들의 인권을 보장하고 학생들을 폭력이나 차별로부터 보호하기 위한 법은 미비했기 때문이기도 하다. 1990년대 이후로 청소년의 인권을 보장해야 한다는 주장이 대두되면서 관련 법이 개선되고 학생의 인권 보장을 위한 법적 기준들이 마련되어 왔다. 대표적인 것이 몇몇 지역에서 시행 중인 학생인권조례이다.

3부에서는 학생의 인권을 중심으로 학생들의 학교생활에 관련된 이슈들을 다루며 학교에 관련된 법에 대해서 알아본다. 예를 들면 학교에서 체벌은 금지되어 있는 것인지, 학생들 간의 폭력이나 괴롭힘에 관해서는 법이 어떻게 되어 있는지, 학생이 학교 운영에 참여할 방법은 없는지 등을 따져 본다. 또 학교 교육과정이나 입시 제도의 법적 근거나 학원 관련 법도 함께 소개한다. 이를 통해 현재 법으로 보장되고 있는 학생의 권리는 무엇이 있는지, 구체적이나 학생인권조례 등에 명시되어 있는 권리지만 실제 학교에서는 제대로 지켜지지 않는 인권에는 어떤 것들이 있는지를 살필 수 있을 것이다. 무엇보다도, 앞으로도 학생 인권을 보장하고 민주적인 학교를 만들기 위해서 관련 법을 계속 개선하고 보완해야 한다는 것을 알 수 있기를 바란다.

이나 학생인권조례 등에 명시되어 있는 권리지만 실제 학교에서는 제대로 지켜지지 않는 인권에는 어떤 것들이 있는지를 살필 수 있을 것이다. 무엇보다도, 앞으로도 학생 인권을 보장하고 민주적인 학교를 만들기 위해서 관련 법을 계속 개선하고 보완해야 한다는 것을 알 수 있기를 바란다.

학생을 위한 지역의 법,
학생인권조례

학생인권조례는 학생인권의 기준을 제시하는 지역의 법이다. 지역에 따라 조금씩 내용은 다르지만 공통적으로 학교와 교육청이 학생인권 보장을 위해 노력하도록 정하고 있다. 교육청이 학생의 인권을 침해한 사건에 대해 조사하고 행정적 지도 등을 할 수 있게 하는 내용, 학교 규칙 제정 과정에 학생 참여를 보장해야 한다는 내용 등도 포함되어 있다. 2010년 경기도, 2011년 광주광역시, 2012년 서울특별시, 2013년 전라북도, 2020년 충청남도, 제주도에서 시행되었다.

법률과 조례의 차이
그리고 상위법 우선의 원칙

우리가 국가·사회의 '법'이라고 부르는 것에는 여러 가지 종류가 있다. 누가 어떤 절차로 만든 법인지, 권한이 얼마큼인지, 어떤 법이 더 상위에 있는지에 따라서 법을 분류하는 방식으로 간단히 정리하면, 헌법, 법률, 명령, 조례 등으로 나누어 볼 수 있다.

'헌법'은 그 나라의 가장 기본적인 체제와 원칙, 사람들의 기본권 등을 정한 법이다. 한국이 민주주의 국가라거나 대통령제라거나 사람들의 언론의 자유를 보장한다거나 하는 내용은 모두 헌법에 나와 있다. 한국은 1948년 나라의 체제를 만들 때 헌법을 만들기 위한 의회(제헌의회)를 선출하여 처음 헌법을 만들었다. 「헌법」 제130조에 따라 헌법을 바꾸려면 국회의원 2/3 이상이 찬성하고 국민투표에서 과반수의 찬성을 얻어야 한다.

'법률'은 입법부인 국회가 만드는 것으로, 우리가 보

통 '법'이라고 말할 때는 법률을 가리키는 경우가 많다. 헌법이 추상적이고 기본적인 원칙이라면, 법률은 실제적이고 구체적으로 적용되는 규범이다. 2020년 기준, 법률은 1,502건이 만들어져 있다. 국민의 기본권을 제한하는 사항, 범죄를 처벌하는 내용 등도 헌법의 위임을 받아서 법률에 담긴다.

'명령'은 행정부, 정부에서 만드는 것이다. 이 중 행정 조직 내부에서만 효력을 갖는 행정 명령과 달리, 법규 명령은 행정 기관이 국민의 권리·의무에 관한 사항을 정하는 일반적·추상적 규정을 말한다. 행정부는 법을 집행하는 일을 담당하는데, 그러면서 법률보다 좀 더 구체적으로 절차나 기준을 정한다든지 해야 하기 때문에 법규 명령을 만든다. 대표적인 것이 '시행령', '시행규칙'이다. 예컨대 초·중·고 학교에 관한 법률인 「초·중등교육법」이 있다면, 이 법률을 집행하기 위한 더 구체적 사항을 정한 「초·중등교육법 시행령」, 「초·중등교육법 시행규칙」 등을 만드는 것이다. 「초·중등교육법 시행령」은 대통령령, 「초·중등교육법 시행규칙」은 교육부령이다. 본래 법은 국회에서 만들어야 하는데, 이러한 정부의 시행령 등으로 법이 좌우되면 민주주의의 원칙에 어긋날 위험성이 있다. 그래서 포괄 위임 금지의 원칙이라고 하여, 법률에서 행정부에 무언가를 정하도록 위임할 때는 포괄적으로 위임해서는 안 되며, 구체적이고 개별적인 내용만 위임해야 한다는 원칙이 존재한다. 헌법재판소는 법률이 구체적 사항을 명령이나 규칙 등에서 정하도록 위임할 때는 법규 명령으로 위임하는 것이 바람직하다고 이야기한다. 법규 명령은 만들기 전에 입법 예고를 하고 의견 수렴을 하는 등의 민주적 절차를 따라야 하기 때문이다. 또한 규칙에서 정하도록 위임할 때는 전문적·기술적 사항이나 경미한 사항으로 어쩔 수 없이 위임해야 하는 것에 한정되어야 한다고 판시하기도 하였다.[16]

'조례'는 지방자치단체에서 지방의회의 의결을 거쳐서 만드는 법이다. 전국적으로 적용되지 않고 그 지역에서만 효력이 있다. 지방자치단체는 헌법, 법률, 명령을 어기지 않는 범위 안에서 자주적으로 조례를 만들 수 있다. 조례를 어긴 경우 형사적 처벌은 할 수 없고, 과태료를 부과하거나 행정적 조치를 취할 수 있다.

법 체계에는 '상위법 우선의 원칙'이 있다. 원칙적으로 각각의 법은 더 상위의 법을 위반할 수 없다. 헌법이 가장 상위의 법이므로 모든 법률, 명령, 조례 등은 헌법을 어겨서는 안 된다. 어떤 법률 등이 헌법에 위배되는지 아닌지를 판단할 권한을 가진 곳이 헌법재판소이다. 또한 명령, 조례 등이 법률에 위배되는 경우에는 법률이 우선해서 효력을 가진다.

어겨서는 안 된다. 어떤 법률 등이 헌법에 위배되는지 아
닌지를 판단할 권한을 가진 곳이 헌법재판소이다. 또한
명령, 조례 등이 법률에 위배되는 경우에는 법률이 우선

학생인권 보장을 위한 법도 있나?

고등학교에 왔더니 이상한 규칙들이 많아요. 구두나 양말 색깔도 정해져 있고, 이성 간 교제나 스킨십도 하면 안 되고…….

제가 사는 지역에 학생인권조례가 있어서 중학교 때는 두발 규제도 거의 안 했는데, 두발 단속도 빡세게 하고요. 선생님한테 학생들에게도 인권이 있지 않냐고 말씀드려 봤더니, 선생님은 이렇게 대답했어요. "우리는 사립이라서 학생인권조례를 안 지켜도 돼. 법에도 학생은 학생답게 학교 규칙을 지켜야 한다고 돼 있어. 인권 같은 소리 하기 전에 학생으로서 본분을 다해라." 정말 사립 학교는 학생인권조례를 안 지켜도 되나요? 선생님한테 보여 드릴 관한, 학생의 인권을 위한 법은 없을까요?

어린이·청소년, 학생의 인권을 보장해야 한다는 내용이 담긴 국제법과 국내 법률로는 「유엔아동권리협약」, 「교육기본법」, 「초·중등교육법」이 있고, 지역에 따라서는 학생인권조례도 있습니다. 학교는 교육의 과정에서 학생의 인권을 존중하고 보장할 의무가 있습니다. 이는 사립 학교도 마찬가지입니다.

법에서는 초·중등 학교에 재학 중인 학생의 인권을 보장해야 한다는 내용을 어렵지 않게 찾아볼 수 있다. 먼저 교육 제도의 기본적 원칙과 운영을 정한 「교육기본법」 제12조(학습자) 제1항은 "학생을 포함한 학습자의 기본적 인권은 학교교육 또는 사회교육의 과정에서 존중되고 보호된다"라고 하고 있다. 이어서 "학생은 학습자로서의 윤리의식을 확립하고, 학교의 규칙을 준수하여야 하며, 교원의 교육·연구활동을 방해하거나 학내의 질서를 문란하게 하여서는 아니 된다"라는 내용도 있지만, 제1항을 통해 학생의 인권을 보장하는 것을 교육의 원칙으로 삼고 있는 것이다.

초등학교에서 고등학교까지의 교육에 대해 가장 중요한 법인 「초·중등교육법」에도 비슷한 조항이 있다. 제18조의4(학생의 인권보장)는 "학교의 설립자·경영자와 학교의 장은 「헌법」과 국제인권조약에 명시된 학생인권을 보장하여야 한다"라며, 학교 책임자에게 학생의 인권을 보장할 의무를 부과하고 있다.

또한 「유엔아동권리협약」은 어린이·청소년의 다양한 인권을 국가가 보장하여야 한다고 밝히고 있다. "학교 규율이 아동의 인간적 존엄성과 합치하고 이 협약에 부합하도록 운영되는 것을 보장하기 위한 모든 적절한 조치를 취하여야 한다(제28조 2항)"라고 하여 학교 규칙이나 학교 운영이 학생의 인권을 보장해야 한다고 특별히 언급하고 있기도 하다.

무엇보다도 학생들 역시 국민으로서 「헌법」이 모든 국민의 권리로 밝히고 있는 행복추구권, 자기 결정권, 평등권, 신체의 자유, 사생활의 비밀과 자유, 양심의 자유, 종교의 자유, 언론·출판·집회·결사의 자유 등을 보장받아야 마땅하다. 이러한 권리들은 「헌법」 제37조 제2항 "국민의 모든 자유와 권리는 국가안전보장·질서유지 또는 공공복리를 위하여 필요한 경우에 한하여 법률로써 제한할 수 있으며, 제한하는 경우에도 자유와 권리의 본질적인 내용을 침해할 수 없다"에 따라 꼭 필요할 때만 최소한의 범위에서 법률에 근거하여 제한될 수 있다. 이러한 기본권 제한이 정당하고 적절한지 판단하는 법리적 기준으로 '과잉금지의 원칙'*이 있다. 학교에서의 기본권 제한 역시 이러한 원칙의 적용을 받아야 한다.

그럼에도 불구하고 학생의 인권을 침해하더라도 학교가 불이익을 받는 일이 거의 없었고, 학생인권이 무엇인지에 대한 사회적 인식도 부족했기 때문에 학생의 인권이 무시당하는 일은 흔히 일어났다. 그래서 지방자치단체 차원에서라도 무엇이 학생의 인권인지 좀 더 구체적인 내용을 법에 명시하고, 인권을 침해

---

* 국가가 국민의 기본권을 제한할 수 있는 한계를 명시한 「헌법」상의 원칙이다. 제한하는 목적이 공공의 이익을 위한 것인지(목적의 정당성), 제한하는 방법이 적합한지(수단의 적절성), 그 과정에서 기본권을 최소한으로만 제한하는지(침해의 최소성), 권리침해로 인한 사적 불이익보다 기본권 제한으로 얻을 수 있는 공익이 더 큰지(법익의 균형성) 등을 따져, 이 중 하나라도 저촉된다면 위헌이라고 판단한다.

당한 학생이 도움을 요청할 수 있는 절차를 마련하기 위해 학생 인권조례가 만들어졌다. 국가인권위원회도 여러 권고를 통해 학생인권의 기준을 제시하고 학교 규칙이나 문화를 개선하라고 요구해 왔다.

이처럼 여러 법에 학생의 인권을 명시하고 학교에 인권을 보장할 의무를 지우고 있지만, 아직 학생의 인권을 위한, 전국에 적용되는 구체적이고 강제성 있는 법률은 미비한 상황이다. 그래서 학생인권조례를 지키지 않거나 국가인권위원회의 권고를 거부하는 학교도 적지 않다. 그러나 학교 운영의 자율성이 있더라도, 학교 역시 인권과 법을 지켜야 한다. 「초·중등교육법」 제8조(학교 규칙)는 "학교의 장은 법령의 범위에서 학교 규칙을 제정 또는 개정할 수 있다", 즉 학교 규칙을 학교에서 정하더라도 법령을 지켜야 한다고 하고 있다. 학생인권조례나 국제 인권법 등역시 법령에 해당한다. 게다가 학교는 국가가 책임지는 공교육을 수행하는 공공 기관으로서 법을 지키고 시민의 인권을 존중해야 할 의무가 개인에 비해 훨씬 크다. 사립 학교도 비록 그 운영이 상대적으로 자율적이고 교육청 등의 영향력이 덜한 편이지만, 학교로서 져야 할 법적 의무, 인권 보장의 의무 등은 똑같이 가지고 있다. 강제성 있는 처벌 법규가 아직 없다는 이유로 학생의 인권을 존중하지 않고 법적 의무와 원칙을 경시하는 것은 공공 기관에 걸맞지 않은 모습이다.

　「초·중등교육법」의 학생인권 보장 조항이나 지역의 학생인권조례는 2000년대 이후 많은 청소년들과 시민사회단체들이 요구한 결과 만들어진 것이다. 학생인권을 위한 법이 만들어지고 개선되어 온 역사는 시민들의 민주적인 참여를 통해 법을 고쳐 나가고 개선해 나갈 수 있다는 것을 보여 주는 생생한 예이다.

학교에서 체벌은
허용되어 있나?

중학교에 입학했더니 학교 규칙 준수 서약서를 쓰라고 나눠 줬어요. 서약서 내용을 보니까 학교 규칙을 어기면 '운동장 달리기'나 '앉았다 일어났다' 등의 체벌을 포함, 무슨 벌이라도 달게 받겠단 내용이 있더라고요. 선생님한테 체벌은 금지된 거 아니냐고 물어보니까 직접 때리는 게 아닌 '간접 체벌'은 허용되어 있다고 하시면서, 문제가 안 되게 하려고 미리 서약서에 동의를 받는 거라고 말씀하시던데요. 미리 동의서를 받으면 체벌을 할 수 있나요?

학교에서의 체벌은 제대로 단속, 처벌받지 않는 경우가 있습니다. 하지만 원칙적으로는 금지되기 때문에 일어나서는 안 됩니다.

이는 학생들에게 동의서나 서약서를 받더라도 달라지지 않으며, 사회의 규범에 위배되는 동의서는 효력이 없습니다. 학생들에게 이런 내용의 동의서나 서약서를 강요하는 것은 양심의 자유 침해가 될 수 있습니다.

체벌은 대표적인 청소년인권 침해 문제이다. 「유엔아동권리협약」과 협약에 가입한 국가를 모니터링하는 유언아동권리위원회도 모든 형태의 체벌을 금지하도록 요청하고 있다. 학교 교사에 의한 체벌도 마찬가지이다. 「초·중등교육법」 제18조의4는 "학교의 설립자·경영자와 학교의 장은 「헌법」과 국제인권조약에 명시된 학생의 인권을 보장하여야 한다"라고 하고 있으므로 논리적으로는 초·중등 학교에서 체벌은 금지되어야 한다.

그러나 한국의 학교에서는 오랜 시간 체벌을 허용해 왔다. 학생을 가르치기 위해서 또는 벌주기 위해서라며 회초리로 때리는 일, 교사가 따귀를 때리거나 발로 차는 일, '엎드려뻗쳐', '앉았다 일어났다', '오리걸음', '손 들고 있기' 등 다양한 형태의 체벌이 흔하게 벌어졌다. 과거 「초·중등교육법 시행령」은 '교육상 불가피한 경우를 제외하고는 체벌을 해선 안 된다'라는 조항을 두어 사실상 교육상 필요하다면 체벌을 할 수 있게 했다.

2010년 이후 몇몇 지역어서 체벌을 완전히 금지하는 학생인권조례가 만들어지고 지역교육청에서 체벌 금지를 선언하자 「초·중등교육법 시행령」도 좀 더 체벌을 금지하는 것에 가깝게 개정됐다. 2011년 가정된 「초·중등교육법 시행령」 제31조 제8항은 "(학생을) 지도를 할 때에는 학칙으로 정하는 바에 따라 훈육·훈계 등의 방법으로 하되, 도구·신체 등을 이용하여 학생의 신체에 고통을 가하는 방벅을 사용해서는 아니 된다"라고 되어 있다. 그런데 교육부는 이 시행령에 대하여, 이 법령이 회초리 등 매를 이용하여 또는 교사가 손이나 발 등으로 학생을 직접 구타하는 것은 금지하는 것이지만, 그 외의 방법으로 하는 이른바 '간접 체벌'은 허용된다는 해석을 내놓았다. 이 때문에 적지 않은 학교에서 체벌이 사라지지 않고 있다. 교육청에 따라서는 제대로 단속이나 처벌을 하지 않는 경우도 있다. 체벌은 직접 때리는 것 외에도 힘든 자세를 유지하게 하거나 같은 동작을 반복하게 하여 신체적 고통을 주는 방식, 다른 사람에게 때리도록 지시하는 방식, 모욕을 주는 방식 등 다양하기 때문에 직접 때리는 방식만 금지한 것은 체벌 금지라고 볼 수 없다. 법원은 교사가 같은 반 학생들에게 반성문을 써 오지 않은 학생의 등을 3회씩 때리도록 지시한 것이 사실상 폭행 교사* 행위이며 신체적·정서적 학대라고 판단하여, 교사가 직접 폭력을 가하지 않은 경우에도 신체적 학대가 성립한다고 보기도 했다.[17]

한편, 2015년 개정된 「아동복지법」 제5조 제2항은 "아동의 보호자는 아동에게 신체적 고통이나 폭언 등의 정신적 고통을 가하여서는 아니 된다"고 규정한다. 이때 '아동의 보호자'는 "친권자, 후견인, 아동을 보호·양육·교육하거나 그러한 의무가 있는 자 또는 업무·고용 등의 관계로 사실상 아동을 보호·감독하

---

* 남을 꾀거나 부추겨 범죄를 저지르게 하는 것.

는 자"를 말하며, 학교 교사도 포함하는 개념이다(제3조 제3호). 「아동복지법」에 의해 만 18세 미만의 청소년인 경우 학교 교사에 의한 모든 체벌은 금지되는 셈이다. 실제로 교사에 의한 체벌이 아동학대 혐의로 처벌받는 사례도 증가하고 있다. 또한 교사는 아동학대 신고 의무가 있기 때문에, 동료 교사의 체벌 등 학대 행위를 알고도 신고하지 않으면 과태료를 부과받을 수 있다.* 체벌이 일어났을 경우 교육청에 신고, 민원을 내는 방법이 있고, 경찰에 아동학대로 신고하는 것도 가능하다. 다만 주로 교사의 체벌이 상당히 심하거나 비상식적인 경우 또는 학생이 큰 상처를 입은 경우 등만 아동학대로 입건되곤 한다는 한계가 있다.

이와 같이 학교에서의 체벌이 곧 아동학대에 해당하는지 또는 어떤 형태의 체벌은 허용된다는 것인지 불명확한 지점이 많고 학교 현장에서의 오해도 찾아볼 수 있다. 경찰, 검찰, 판사의 판단에 따라 결론이 달라지는 경우도 있다. 이러한 법적 혼란을 해결하고 학생의 인권 보장을 위해 체벌을 완전히 금지하는 것이 바람직하다. 유엔아동권리위원회는 2019년 대한민국에 대한 심의에서 지역이나 환경에 상관없이(학교, 가정, 학원 등 모두) 체벌을 명시적으로 금지하라고 권고했으므로, 이를 고려하여 법을 손봐야 할 것이다.

* 「아동학대처벌법」 제63조 제1항 제2호, 제10조 제2항 제20호

두발·복장 규제는
법적인 문제가 없나?

? 저희 중학교는 지역에서도 두발 규제가 제일 심하기로 유명해요.
어른들은 '요즘은 두발 규제 없어지지 않았나?'라고 많이 얘기하던데,
저희 학교는 입학하자마자 머리카락을 자로 재 가면서 단속해서
좀 놀랐어요. 상식적으로 생각해 보면 제 몸인 머리카락에 대해 이렇게
강요하는 게 이상한 것 같은데요. 법적인 문제는 없는 건가요?

! 많은 학교들에서 두발 규제가 관행적으로 이루어지고 있는데요.
머리카락 등 용모의 자유는 국가인권위원회도 인정한 인권이자
기본권이며, 이를 함부로 제한해서는 안 됩니다. 하지만 지역의
학생인권조례 외에는 학교에서의 두발 규제를 명확하게 금지하거나
제한하는 법이 없습니다. 학생인권조례가 있는 지역에서는 교육청에
구제를 요청할 수 있고, 학생인권조례가 없더라도 국가인권위원회
진정이나 다른 방법으로 개선을 요구할 수 있습니다.

자신의 머리카락 길이나 모양, 색깔 등을 결정할 권리는 신체의 자유인 동시에 개성 실현의 자유에 속한다. 「헌법」에서는 "모든 국민은 인간으로서의 존엄과 가치를 가지며 행복을 추구할 권리를 가진다"라고 하고 있는데(제10조), 헌법재판소는 이 권리 속에 '개성의 자유로운 발현권', '자기 결정권' 등이 포함되어 있다고 해석한다.[18] 국가인권위원회도 '두발 자유는 학생의 기본권에 해당한다'고 보고 함부로 제한해선 안 된다고 권고했다. 서울시교육청 학생인권옹호관은 「서을특별시 학생인권조례」 제12조를 근거로 학교에서 두발의 길이 및 파마, 염색 등의 두발 형태를 제한하고, 나아가 학생의 두발을 이유로 벌점을 부과하는 등 불이익을 주는 것은 부당한 조치라고 판단하였다.[19] 이러한 개성을 실현할 권리는 머리카락뿐만 아니라 용의 복장 전반에 해당된다.

많은 학교들에서 학교 규칙 안에 두발 규제를 비롯해서 학생들의 외모, 용의 복장에 대해 많은 규제를 두고 있다. 그러나 학생이 머리카락을 꾸미거나 원하는 옷을 입는다고 하여 학교 운영에 지장을 초래한다거나 공공복리를 해친다고 보기는 어렵고, 그러한 권리 제한이 꼭 필요한지는 입증된 적이 없다. 특히 매우 사적인 부분이며 개인의 신처와 밀접한 두발과 복장을 강제로 지도하다 보면 인격권을 침해하거나 폭력을 행사하게 될 위험도 높다. 흔히 머리카락, 외모, 복장 등은 사소한 것이라서 인권의 문제로 생각하지 않는 경우가 많지만, 사소하고 사적인 것이기

때문에 개인에게는 더 민감하고 자유롭게 보장되어야 할 영역일
수 있는 것이다.

　이런 비판이나 국가인권위원회의 권고가 있었음에도 학교에
서의 두발 규제가 사라지지 않았기에 몇 지역에서 학생인권조례
가 만들어졌다. 학생인권조례 안에는 개성 실현의 권리 등이 명
시되어 있다. 〈경기도 학생인권조례〉 제11조는 "① 학생은 복장,
두발 등 용모에 있어서 자신의 개성을 실현할 권리를 가진다. ②
학교는 두발의 길이를 규제하여서는 아니 된다. ③ 학교는 정당
한 사유와 제18조의 절차를 따르지 아니하고는 학교의 규정으로
써 제1항의 권리를 제한할 수 없다"라고 되어 있다.

　외국 판례를 살펴보면, 미국의 법원 역시 1972년 인디애나
주 고등학교의 남학생이 교육협의회가 정한 두발 규정을 거부하
고 소송을 제기한 사건에서 "개인의 두발 길이 또는 형태를 선택
할 권리는 미연방 헌법에 규정되어 있는 것으로, 민주적인 방식
으로 학생의 두발 규정을 제정하였다 하더라도 학생이 복장이나
두발 모양을 선택할 수 있는 헌법상의 권리를 제한할 수는 없다"
고 판시하였던 예가 있다.[20]

국가인권위원회는 2005년, 고등학교에서 두발 단속 시 학교 규정에 어긋난 머리카락을 한 학생을 교사가 강제 이발한다는 진정 및 중학교에서 여학생의 머리를 묶도록 획일적으로 정한 규정에 대한 진정에 관련해, 정책 검토를 통해 두발 자유는 기본권이며 강제 이발은 인격권 침해라고 판단했다.

"인간이 두발을 어떤 상태로 유지할 것인지를 결정하는 것은 개성을 자유롭게 발현할 권리이자 타인에게 위해를 미치지 않는 범위 내에서 간섭받음이 없이 자신의 라이프스타일을 스스로 결정할 수 있는 자기결정권이다. 이러한 권리는 헌법 제10조에서 보장하는 인간의 존엄과 가치, 행복추구권에서 파생하는 것으로 학생도 인간으로서의 존엄과 가치 및 행복을 추구할 권리를 보장받아야 할 기본권의 향유자이자 권리의 주체이므로, 두발 자유를 기본적 권리의 내용으로 보장받아야 한다. (……) 본인의 의사에 반하여 강제적으로 두발을 자르거나 변형시키는 것은 신체의 완전성을 보호이익으로 하는 헌법 제12조의 신체의 자유와 관계되는 것으로 이러한 행위는 학생의 신체의 자유에 대한 침해일 뿐만 아니라 그 행위가 해당 학생에게 인격적 모멸감을 줄 수 있다는 점에서 인격권에 대한 침해이다."[21]

국가인권위원회는 이후에도 여러 차례 두발 규제가 공공 질서나 안전을 위해 필요하다고 볼 수 없어 합리적 근거가 없다고 지적하는 권고를 내놓았다.

"개인의 자유로운 인격 발현 수단의 하나인 두발 형태에 대하여 획일적이고 통일적으로 제한하는 것은 앞서 언급한 헌법 및 유엔 「아동의 권리에 관한 협약」이 추구하는 가치에 부합한다고 볼 수 없다. 설사, 학생의 두발을 스포츠 형태로 제한하는 것이 학생의 단정함을 점검하고 지도하기 위한 것으로 교육적 목적이 인정된다고 하더라도, 타인의 권리 존중, 공공 질서, 안전을 위해 필요한 최소한의 범위 내에서 제한되어야 할 것이나, 투블럭컷이나 상고머리의 두발 형태를 제한하는 행위가 공공 질서 및 안전을 위해 필요하다고 보기 어려우며, 이와 관련한 교사의 생활지도를 4차시에 걸쳐 불응을 할 경우 징계 처분이 내려질 수 있는 점을 고려하면 침해의 최소성에 반하여 그 제한의 정도가 지나치다고 볼 수 있다."[22]

교사가
학생 가방을
함부로 뒤져도
되는 걸까?

? 얼마 전 담임 선생님이 반 학생 전체의 소지품을 검사해서 물품들을 압수해 갔어요. 선생님은 "음주나 흡연 등 일탈 행위를 하지 않고 학생다운 몸가짐을 하도록 지도하기 위해서야. 공부에 방해되는 물건을 가져오지 못하게 해야 면학 분위기가 유지되지"라고 했는데요. 하지만 왜, 게임이나 드라마에서 보면 범죄자도 경찰한테 영장을 갖고 오라고 하잖아요. 마음대로 학생의 소지품을 검사하고 압수하는 건 사생활 침해 아닌가 하는 생각이 들었어요.

! 동의나 법적 근거가 없는 소지품 검사나 압수는 기본권인 사생활의 자유 침해에 해당합니다. 그러나 학교에서의 불법적 소지품 검사를 금지하거나, 소지품 검사나 압수를 위한 합리적 기준이나 절차를 정한 법률은 없고, 지역의 학생인권조례에서 규정한 것이 전부인 상황입니다. 학생인권조례에서는 동의 없이는 소지품 검사나 열람을 할 수 없고, 전체 학생이나 불특정 다수를 대상으로 한 일괄 검사 등은 금지하고 있습니다.

많은 학교들에서 교사들이 학생의 소지품을 검사하거나 압수해 가는 일이 일어나곤 한다. 그 대상은 주로 담배, 휴대전화, 화장품이나 액세서리, 만화책 등이다. 학교에서 소지품을 검사하거나 압수하는 것을 허용해 주거나 금지하는 법률은 따로 존재하지 않는다. 「헌법」에서는 제17조 "모든 국민은 사생활의 비밀과 자유를 침해받지 아니한다", 제18조 "모든 국민은 통신의 비밀을 침해받지 아니한다"라고 하여 모든 국민들의 사생활과 통신의 자유를 보장하고 있다. 당연히 학생도 이러한 권리를 가진다. 따라서 학교에서의 소지품 검사는 일단 「헌법」상 기본권을 침해한다고 볼 수 있다. 「유엔아동권리협약」도 아동에게 사생활의 자유가 있다고 정하고 있다(제16조).

물론 사생활의 자유도 국가안전보장, 질서유지 또는 공공복리를 위하여 필요한 경우에는 법률에 의해 제한될 수 있다. 가령 경찰·검찰은 범죄를 저질렀다고 의심되는 사람의 소지품을 뒤지고 증거품을 압수해서 조사할 필요가 있다면, 법원에 압수수색영장을 신청한다. 영장은 법원이 정식으로 '명령'한다고 알리는 서류이다. 판사가 압수수색이 필요하다는 것을 인정하여 영장을 발부해야만, 경찰·검찰은 법에 정해진 적절한 과정과 순서에 따라 압수수색을 할 수 있다. 지금 당장 현장에서 범죄가 벌어지고 있는 경우에만 영장이 없이도 범죄 도구 등을 압수할 수 있다.

반면 학교에서의 소지품 검사 및 압수에 관한 법률이 없으므로, 어떤 과정을 거쳐야 할지 법적 기준이나 규칙도 마련되어 있지 않다. 학교에서의 소지품 검사 및 압수는 대개 교사의 막연한 의심이나 학생들을 통제하려는 의도에 따라 이루어지곤 한다. 목적과 기준에 문제가 있는 경우도 많다. 범죄를 막기 위해서나 안전을 위해서가 아니라, 그 실체가 분명하지 않은 '학습 분위기 조성' 같은 이유로, 교사들의 편견에 의해서 소지품 검사 및 압수가 이루어질 때가 잦다. 화장품이나 만화책 같은 것이 압수 대상이 되는 사례가 대표적이다.

휴대전화 등 전자기기의 소지 자체를 금지하거나 아침에 휴대전화를 모두 걷어 가는 학교들도 많다. 국가인권위원회는 다른 학생들의 학습과 교사의 수업에 지장을 초래하는 것을 예방하기 위해 학교 내 휴대전화 사용을 제한하는 목적이 정당하다 하더라도, 필요 최소한의 범위를 넘어 휴대전화 소지·사용을 전면적으로 제한하는 것은 과도하게 인권을 침해하는 행위라고 판단했다.[23] 서울시교육청 학생인권옹호관도 "학교 규칙을 통해 전자기기 소지를 전면금지하고 있고, 이를 위반하면 벌점을 부과하도록 하는 것은 학생들의 사생활의 자유를 침해한 것"이라고 보았으며, 학교 구성원들의 의견을 모아 좀 더 적합한 방식을 마련할 것을 권고하였다.[24] 국가인권위원회는 학교에서 학생에게 일기를 쓰게 하고 일기장을 검사하는 것을 없애도록 권고한 적도 있다.

　학교에서 학생의 소지품을 뒤지거나 물건을 압수하는 것이 꼭 필요하고 정당한 경우는 어떤 것이 있을 수 있을까? 예를 들어 학생이 위험한 무기를 소지하고 있고 이를 사용해 사람을 해치려는 계획을 갖고 있음을 알게 됐을 때 그 무기를 찾아 압수하는 경우와 같이 학생들과 교직원들의 안전을 위해 불가피한 상황이 있을 수 있다. 이처럼 '명백하고 현존하는 위험'이 있어야만 사생활의 자유 등을 제한할 수 있다는 법적 원칙도 있다.

　하지만 이런 때에도 지켜야 할 기준과 순서가 있어야 할 것이다. 「서울특별시 학생인권조례」는 제13조(사생활의 자유)에서 "교직원은 학생과 교직원의 안전을 위하여 긴급한 필요가 있는 경우가 아니면 학생의 동의 없이 소지품을 검사하거나 압수하여서는 아니 된다. 불가피하게 학생의 소지품 검사를 하는 경우에는 최소한의 범위로 한정되어야 하며, 불특정 다수의 학생을 대상으로 하는 일괄 검사 또는 검사의 목적물을 소지하고 있을 것이라는 합리적인 의심이 없는 학생을 대상으로 하는 검사를 하여서는 아니 된다", "교직원은 학생의 동의 없이 일기장이나 개인수첩 등 학생의 사적인 기록물을 열람하지 않는 것을 원칙으로 한다"라고 정하고 있다.

　미국의 경우는 비록 영장이 없어도 교사가 소지품 검사를 할 수 있지만, "학생이 학교교육과 질서를 방해할 수 있는 활동 또는 불법적인 활동을 했다는 증거가 있다고 믿을 합리적 근거"가 있어야만 정당하다는 1985년의 판례가 있다. 소지품 검사의 과정 과 방법이 학생의 인격을 무시하는 과한 것이어서도 안 된다.[25]

학생인권조례 외에는 관련 법적 기준이 미비하기에, 소지품 검사 및 압수에 대해 학교에 법적 책임을 묻기는 쉽지 않다. 앞으로 학교에서 학생들의 소지품을 함부로 제한하지 못하게 하고, 소지품 검사 및 압수 역시 합리적인 과정과 방법에 따라 어쩔 수 없이 꼭 필요할 때만 할 수 있도록 법률이 만들어지거나 판례가 나오는 등 법적 기준이 마련될 필요가 있을 것이다.

2006년, 고등학교에서 학생들이 두발 자유를 요구하는 시위를 하려 한다는 사실을 안 뒤, 학생들의 소지품을 검사하여 시위용 전단지와 촛불 등을 압수하고 휴대전화를 일괄 수거한 사건이 있었다. 국가인권위원회는 이에 대하여 사생활의 자유와 통신의 자유를 침해한 것이라고 결정했다.

> "피진정인이 1·2학년 학생들의 휴대폰 소지 현황을 파악하기 위해 수거하였다고 하나, 휴대폰 소지 현황 파악을 위해 휴대폰을 수거하거나 내용기록을 열람할 수 있는 어떠한 근거나 규정이 없으며, 이는 명백한 헌법 제17조의 사생활의 비밀과 자유 및 제18조의 통신의 자유를 침해한 사항으로 판단된다. 또한, 현재 적용되고 있는 「학교생활규정」 제77조(가방 및 휴대폰 규정)의 "교내에서는 휴대폰 소지를 금지한다"는 조문 또한 상기 헌법 규정을 침해하고 있다고 판단된다."[26]

국가인권위원회는 휴대전화를 일괄적으로 금지하고 등교 시 수거하는 학교들이 늘어남에 따라 여러 차례 과도한 제한이라고 지적한 바 있다. 수업 중 사용을 제한하는 등의 방식이 아닌 완전한 소지, 사용 금지는 과잉 금지 원칙을 위배한다는 취지이다.

"국가인권위원회 아동권리위원회는 2017. 9. 8. 17진정0193700 결정에서 "현대사회에서 휴대전화가 단지 통신기기의 기능에 그치지 않고 개인들 간의 상호작용을 증대시키고 활성화시켜 사회적 관계를 생성·유지·발전시키는 도구이자 각종 정보를 취득할 수 있는 생활필수품의 의미를 가진다는 점, 아동들이 성장 과정에 있는 존재인 점 등을 고려하여, 교육담당기관들이 휴대전화 소지·사용으로 인한 부정적 효과를 이유로 휴대전화 소지를 전면적으로 금지하기브다는 공동체 내에서 토론을 통해 규율을 정하고, 이를 실천하는 과정을 통해 본인의 욕구와 행동을 통제·관리할 스 있는 역량을 기를 수 있도록 교육하는 것이 바람직하다"고 판단한 바 있다.

피진정학교는 학생들에 대해 등교 시 휴대전화 소지를 금지하고 있는데, 통상적인 학생들의 일과를 감안하면 이는 등하굣길을 포함하여 거의 모든 생활 중에 휴대전화의 소지를 제한하는 결과를 초래하며, 휴대전화를 이용한 가족 또는 친구들과 소통하지 못하는 시간이 너무 길고, 휴대전화를 대체할 수단도 거의 없어 그 제한의 정도가 지나치다고 판단된다.

따라서, 피진정학교가 수업시간 중 휴대전화 사용을 제한하는 방법 등과 같이 학생들의 기본권 제한을 최소화하는 방식을 고려하지 않고, 학

생들의 휴대전화를 일괄적으로 수거하여 일과시간 동안 소지·사용을
전면적으로 제한한 행위는, 과잉금지원칙을 위배하여 「헌법」 제10조
일반적 행동의 자유 및 제18조 통신의 자유를 침해한 행위에 해당한다
고 판단된다."[27]

기독교 재단에서 세운
학교에 다니면
예배도 드려야 하나?

제가 다니는 고등학교는 교문 앞에 성경 구절도 적혀 있고, 기독교 계열의 역사가 오래된 학교예요. 교장 선생님도 목사이고요. 그런데 우리 학교는 일주일에 1번씩 강당에 모여서 예배를 드리고, 1시간씩 기독교 교리에 대한 수업에 참석해야 해요. 저는 딱히 종교를 믿지 않는데, 괜히 강당 예배나 기독교에 대한 수업에 참석해야 하니까 시간 낭비 같고 불편해요. 학교에서 이렇게 특정 종교를 가르쳐도 되는 건가요?

학교에도 선교 활동의 자유 등 종교의 자유가 있지만, 이는 학생의 종교의 자유를 침해하지 않는 범위에서만 행사되어야 합니다. 초·중등 학교의 경우 종교 수업을 편성할 때는 대체 수업을 선택할 권리를 보장하도록 정부가 지침을 정하기도 했습니다. 이를 어기고 특정 종교 행사나 수업 참여를 강요하는 것은 불법 행위가 될 가능성이 높습니다.

한국의 학교들 중 상당수는 정부가 아닌 민간에서 세우고 운영하는 사립 학교이다. 사립 학교들 중에는 종교단체에서 세우고 운영하는 학교들이 있다. 이러한 학교들을 줄여서 '종립 학교'라고 부르기도 한다. 그런데 종립 학교들 중 일부는 학생들에게 종교 행사나 종교 수업에 참여하도록 강요하거나 종교에 따라 학생들을 차별하곤 한다.

어떤 사립 학교들은 이러한 종교 수업 참여 의무화 등을 '종교의 자유'라고 주장하기도 한다. 「헌법」 제20조는 "모든 국민은 종교의 자유를 가진다"라고 밝히고 있다. 그러나 종교의 자유는 타인에게 종교를 강요하거나 종교에 따라 차별을 할 권리가 아니다. 공교육 기관인 학교라면 더더욱 그렇다. 종교의 자유에는 한 사람이 외부의 강요 없이 자유롭게 신앙을 선택할 수 있고 종교를 바꿀 수도 믿지 않을 수도 있는 자유, 그리고 선교 활동이나 종교 교육 등을 할 자유가 있다. 비록 선교 활동이나 종교 교육의 자유가 있다고는 하나, 학교의 권한과 지위를 이용해 학생들에게 종교 행사 참여를 강요하거나 특정 종교에 대한 신앙을 가지도록 압박한다면 학생들의 종교의 자유를 침해하는 일이 될 것이다.

대법원도 종교 강요를 당한 고등학생이 학교를 졸업한 이후 학교에 손해배상을 청구한 소송에서, "학교법인이 종교 교육을 할 자유와 운영의 자유를 가진다고 하더라도, 그 종립 학교가 공교육 체계에 편입되어 있는 이상 원칙적으로 학생의 종교의 자유, 교육을 받을 권리를 고려한 대책을 마련하는 등의 조치를 취하는 속에서 그러한 자유를 누린다고 해석하여야 할 것이다"[28]라고 판결하며 종교 강요가 불법 행위라고 인정하였다.

그런데 헌법재판소나 대법원에서는 평준화 정책으로 인해 학생들이 가고 싶은 학교를 선택해서 진학하지 못했다는 점을 종교를 강요해선 안 되는 주요 이유 중 하나로 들고 있다. 학생들이 선택해서 진학하는 대학교의 경우에는 예배나 종교 수업에 의무적으로 참석하게 하는 것이 기본권 침해가 아니라는 판례가 나온 이유이다. 그렇지만 사실 공교육 기관에서 특정 종교의 의식이나 종교 교리를 가르치는 수업에 강제로 참여하게 하는 것은 그 자체가 문제가 있다. 학교는 국가가 법에 따라서 학력을 인증해 주고 예산도 지원해 주기 때문에 지위를 보장받고 운영될 수 있는 것인데, 이러한 지위를 학생의 자유의지를 억압하며 특정 종교를 전파하는 데 이용하는 셈이니까 말이다. 만약 처음에는 그 종교를 믿고 있어서 흔쾌히 종립 학교를 선택했던 학생이 도중에 신앙이 바뀌었다면 단지 그 이유 때문에 전학을 가거나 학교를 그만두어야 하는 것일까?

학생의 인권을 존중하고 보장해야 할 의무가 있는 학교에서 학생들에게 종교를 강요하는 것은 부당하다. 학교가 종교 교육을 하거나 종교를 전파할 자유는 학생들의 종교의 자유를 침해하지 않는 선에서, 학생에게 강요하지 않는 형태로 제한될 필요가 있다. 종교 수업 역시 학생이 자유롭게 참석할지 여부를 선택할 수 있게 해야 한다. 교육부 지침은 역시 종교 관련 수업을 편성할 때는 다른 대체 수업을 선택할 권리를 보장하도록 하고 있다.

청소년들은 스스로 독립적인 생각이나 믿음을 가지기 어렵다는 편견 때문에 종교나 사상 등의 문제에서 더 존중을 받지 못하고 강요를 당하는 경우가 많다. 그러나 청소년도 시민으로서 「헌법」상 종교의 자유를 가지며, 「유엔아동권리협약」은 "아동의 사상·양심·종교의 자유에 대한 권리"를 보장해야 한다고 하고 있다(제14조). 여러 지역의 학생인권조례도 학생의 종교의 자유를 명시하고, 학교에서 종교를 강요해선 안 된다고 하고 있다.

📗 함께 살필 사례

2004년, 서울의 한 고등학교의 학생이 학교의 종교 강요를 비판하는 교내 방송을 한 뒤 교육청 앞 1인 시위 등 종교 자유를 요구하는 행동에 나섰다. 이 학생은 고교 졸업 이후 사립 학교에서 종교를 강요한 행위가 불법이며 손해배상을 해야 한다고 민사 소송을 제기했고, 최종적으로 15,000,000원 배상을 받았다.

"[4] 고등학교 평준화정책 및 고육 내지 사립학교의 공공성, 학교법인의 종교의 자유 및 운영의 자유가 학생들의 기본권이나 다른 헌법적 가치 앞에서 가지는 한계를 고려하고, 종립학교에서의 종교 교육은 필요하고 또한 순기능을 가진다는 것을 간과하여서는 아니 되나 한편으로 종교 교육으로 인하여 학생들이 입을 수 있는 피허는 그 정도가 가볍지 아니하며 그 구제수단이 별달리 없음에 반하여 학교법인은 제한된 범위 내에서 종교의 자유 및 운영의 자유를 실현할 가능성이 있다는 점을 감안하면, 비록 종립학교의 학교법인이 국·공립학교의 경우와는 달리 종교 교육을 할 자유와 운영의 자유를 가진다고 하더라도, 그 종립학교가 공교육체계에 편입되어 있는 이상 원칙적으로 학생의 종교의 자유, 교육을 받을 권리를 고려한 대책을 마련하는 등의 조치를 취하는 속에서 그러한 자유를 누린다고 해석하여야 한다.

[5] [다수의견] 종립학교가 고등학교 평준화정책에 따라 학생 자신의 신앙과 무관하게 입학하게 된 학생들을 상대로 종교적 중립성이 유지된 보편적인 교양으로서의 종교 교육의 범위를 넘어서서 학교의 설립이념이 된 특정의 종교 교리를 전파하는 종파 교육 형태의 종교 교육을 실시하는 경우에는 그 종교 교육의 구체적인 내용과 정도, 종교 교육이 일시적인 것인지 아니면 계속적인 것인지 여부, 학생들에게 그러한 종교 교육에 관하여 사전에 충분한 설명을 하고 동의를 구하였는지 여부, 종교 교육에 대한 학생들의 태도나 학생들이 불이익이 있을 것을 염려하지 아니하고 자유롭게 대체과목을 선택하거나 종교 교육에 참여를 거부할 수 있었는지 여부 등의 구체적인 사정을 종합적으로 고려하여 사회공동체의 건전한 상식과 법감정에 비추어 볼 때 용인될 수 있는 한계를 초과한 종교 교육이라고 보이는 경우에는 위법성을 인정할 수 있다."[29]

학교폭력은
법적으로 어떻게
대처할 수 있나?

? 저는 동성애자인 남학생인데요. 학교에서는 어느새 제가 남자답지 못하다며 '게이인 거 같다'고 소문이 났고, 그 뒤로 같은 반 학생들 사이에서 계속 따돌림과 언어폭력 등의 괴롭힘을 당하고 있습니다. 담임 선생님께 말씀드리고 싶지만, 선생님도 종종 성소수자에 대해 부정적인 이야기를 하시곤 해서 잘 믿음이 안 갑니다. 이런 경우도 학교폭력이 맞나요? 저는 어떤 도움을 받을 수 있을까요?

! 언어폭력이나 따돌림 등은 분명 학교폭력의 일종이며, 이를 교사에게 알리면 교사는 학교장에게 알리고 학교폭력으로 처리해야 하는 의무가 있습니다. 교사가 믿음이 가지 않는다면 학교폭력 신고센터 등 다른 방식으로 신고할 수도 있습니다. 학교폭력 피해자는 심리 상담, 치료와 요양, 학급 교체 등의 지원을 받을 수 있고 가해자는 처벌을 받을 수 있습니다.

학생들 사이에서의 폭력, 괴롭힘, 따돌림 등을 '학교폭력'이라고 일컫는다. 「학교폭력예방 및 대책에 관한 법률」(「학교폭력예방법」)에서는 '학교폭력'을 "학교 내외에서 학생을 대상으로 발생한 상해, 폭행, 감금, 협박, 약취·유인, 명예훼손·모욕, 공갈, 강요·강제적인 심부름 및 성폭력, 따돌림, 사이버 따돌림, 정보통신망을 이용한 음란·폭력 정보 등에 의하여 신체·정신 또는 재산상의 피해를 수반하는 행위"라고 정의한다. 과거에는 "학생 간에 발생한 사건"으로 정의되어 있었지만, 2012년 "학생을 대상으로 발생한 사건"으로 확대하여 학교 밖 청소년 등에 의한 폭력도 「학교폭력예방법」에 따라 지원을 받을 수 있도록 하였다. 다만, 학생을 대상으로 발생한 폭력인 경우에도 그 주체가 교사를 포함한 보호자인 경우에는 「학교폭력예방법」이 적용되지 않는다. 이 경우는 아동학대 등으로 처리될 수 있으며, 그 밖의 경우에는 「형법」 등이 적용된다.

이러한 학교폭력은 학생인권 침해의 한 유형으로, 학생인권조례에서도 중요한 문제로 다룬다. 예컨대 「경기도 학생인권조례」 제6조(폭력으로부터 자유로울 권리) 제1항은 "학생은 따돌림, 집단 괴롭힘, 성폭력 등 모든 물리적 및 언어적 폭력으로부터 자유로울 권리를 가진다"라고 되어 있다. 이는 국가나 기관, 공무원에 의한 인권 침해는 아니지만, 개인들 간에 일어나는 범죄 행위와 같은 유형의 인권 침해 문제라고 할 수 있다. 특히 사회적으로 차별받는 소수자나 빈곤 학생 등은 괴롭힘이나 폭력을 당하기도 쉽다.

「학교폭력예방법」 등에 따라, 학교폭력을 보거나 알게 된 사람은 의무적으로 이를 학교나 117 신고센터 등으로 신고해야 하고, 학교장은 이를 반드시 교육지원청의 학교폭력대책심의위원회(학폭위)에 알려야 한다(제20조). 과거에 학교폭력을 학교에서 제대로 처리하지 않거나 쉬쉬하고 은폐하는 것 때문에 문제가 많았기에 이런 규정이 생겼다.

학교폭력을 신고하면 학교에서 사건을 조사하고, 학교 전담 기구가 이를 심의한다. 심의에 따라 학교장은 경미한 학교폭력은 학교 자체 해결을 할 수 있고, 그렇지 않으면 지역 교육지원청의 학폭위에서 피해자 보호, 가해자 교육, 선도 및 징계, 분쟁 조정 등을 담당하게 된다. 만약 피해자 및 보호자가 학폭위에까지 사건을 가져가길 원치 않는 경우, 피해자에게 2주 이상의 치료를 요하는 진단이 나오지 않았고, 재산상 피해가 없거나 즉각 복구되었으며, 학교폭력이 지속적이지 않고, 학교폭력에 대한 신고 등에 대한 보복 행위가 아니라면 학교 자체 해결 방법을 취할 수 있다.*

---

* 「학교폭력예방법」 제12조, 제13조의2, 제14조, 「학교폭력예방 및 대책에 관한 법률 시행령」 제14조의3

학교폭력의 피해자는 심리 상담 및 조언, 일시 보호, 치료와 요양, 학급 교체 등의 보호·지원 조치를 받을 수 있다. 이러한 보호나 요양 등 때문에 결석했을 때, 학교장이 인정하는 경우 출석 일수를 인정받을 수 있다. 피해자가 상담 등을 받는 데 필요한 비용은 가해자 측이 부담해야 한다(제16조). 학교폭력의 가해자는 피해자에 대한 서면 사과, 교내 봉사, 사회 봉사, 특별교육 이수 또는 심리 치료, 출석 정지, 퇴학 등의 징계를 받을 수 있으며, 피해자와의 분리를 위해 학급 교체나 전학 조치도 가능하다(제17조). 또한 가해자에 대한 결정은 학교생활기록부에 기록된다.[*]

학폭위의 결정에 문제가 있어서 그대로 받아들일 수 없는 경우, 교육청의 행정심판위원회에 행정심판을 청구하여 잘못된 결정을 바로잡거나 취소시킬 수 있다(제17조의2). 행정심판은 학폭위의 결정을 알게 된 날로부터 90일 이내에, 결정이 있었던 날로부터 180일 이내에 청구해야 한다.

학교폭력 사건은 재판의 대상이 되기도 한다. 학교나 학폭위의 결정에 대해서는, 지역 교육지원청을 대상으로 한 행정 소송을 통해 법원에 억울한 점을 이야기하고 다른 결정을 내려 달라고 할 수 있다. 또한 학교폭력으로 인해 손해를 입었다면 민사상

* 「학교생활기록 작성 및 관리지침」 제7조 제4항, 제8조 제4항, 제16조 제2항

손해배상 청구가 가능하다. 1차적으로는 가해자에게 손해배상을 요구할 수 있고, 담당 교사나 학교 측에 잘못이 있다면 학교와 교육청이나 학교법인을 대상으로도 배상을 청구할 수 있다. 가해자가 형사상 범죄를 저지른 경우에는 형사 고발도 물론 가능하다.

차별이나 폭력, 괴롭힘 등으로부터 보호받을 권리는 중요한 인권이다. 학교가 학교폭력에 대해 제대로 대처하지 않는 것은 큰 잘못이고 학교폭력이 심각해지게 만드는 원인 중 하나이다. 이 때문에 법률 등을 통해서 학교폭력에 의무적으로 대처하고 심의위원회 등을 거치도록 의무를 두고, 학교폭력이 일어났을 때 대처하는 절차를 만들게 된 것이다. 이러한 노력 덕인지, 학교폭력은 공식 조사에서는 2010년대에 계속 감소하는 추세를 보이고 있다. 학교폭력의 원인 중에는 소수자를 차별하는 문화, 스트레스가 높고 인권 친화적이지 않은 학교 구조 등도 있다. 따라서 학교폭력에 대처하는 절차나 제도만큼이나 학교폭력을 예방하기 위한 변화, 즉 학생의 인권을 존중하고 차별 없는 학교를 만들기 위한 정책에도 힘써야 할 것이다.

임신한 학생은 학교에 다닐 수 없나?

? 저는 고등학생인데, 예기치 않게 임신을 하게 됐어요. 낳을지 말지 계속 고민하던 중 학교에서 제 임신 사실을 알게 됐습니다. 그러자 학교에서는 학생이 임신을 하는 게 말이나 되느냐며 퇴학시키겠다고 합니다. 징계 절차를 밟기 전에 알아서 자퇴하라고도 하고요. 청소년이 임신을 하면 죄가 되나요? 학교에 다닐 수 없는 건가요?

! 계획에 없이 임신을 하게 돼서 많이 어렵고 고민스러울 텐데, 학교를 그만두라는 압박까지 받아서 많이 힘드실 것 같네요. 학생이 임신했다고 해도 학교에서 학생을 퇴학시키는 등의 징계를 내리는 것은 부당한 조치입니다. 학생의 임신은 법적으로 전혀 죄가 아니며, 교육부 등도 임신한 학생의 교육권을 보장하도록 하고 있습니다.

많은 사람들이 청소년이 성관계를 갖거나 임신을 하는 것이 심각한 일탈이라고 여긴다. 임신·출산한 여성 청소년을 학교에서 징계하고 심하면 퇴학시키거나 자퇴를 강요하는 예도 있다. 이는 청소년이 감히 '불건전한' 성관계를 했다는 것에 대한 징계라고도 할 수 있다. 특히 여성 청소년에게 이러한 편견이 더 강하고 엄격하게 적용되곤 한다.

초·중·고 학교들 중 임신·출산한 학생을 퇴학시킨다는 규칙을 명시해 둔 경우는 드물다. 하지만 많은 학교에 '불건전한 이성교제' 등을 처벌하는 규칙이 존재하고, 임신·출산을 한 청소년은 이러한 규칙이 적용되거나 또는 '학생답지 못하다'라는 이유로 학교에서 징계를 당하곤 한다. 직접적으로 징계 조치를 당하지 않더라도 학교에서의 여러 편견 어린 시선과 차별 때문에 학교를 더 다니지 못하는 경우도 많다. 2013년 한국청소년정책연구원 조사 결과, 19세 미만 청소년 한부모 중 중졸 이하 학력이 77.3%에 이르렀다.

임신했다고 해서 학교가 학생을 징계할 법적 근거, 특히 학교에 다니지 못하게 할 근거는 존재하지 않는다. 오히려 학교는 임신·출산한 학생이 차별받지 않고 학교를 다닐 수 있도록 지원하고 보호할 의무가 있다. 임신을 한 학생은 교육권 보장을 위해 지원을 받아야 할 학생이지, 도덕적·법적 잘못을 저지른 것이라고 볼 수 없는 것이다.

교육부에서도 임신·출산한 학생의 교육권을 보장하고 '불건전한 이성교제 처벌' 규칙 등을 개선하라고 지침을 내린 바 있다. 2019년 유엔아동권리위원회는 학교에서의 성교육과 임신·출산한 학생에 대한 지원을 증진할 것을 권고하였다. 이에 국가인권위원회는 산전·후 요양 기간을 제도적으로 보장하여 임신·출산한 학생에게 안정감을 주고 빠른 회복을 할 수 있도록 도울 것을 교육부에 권고하였다.[30] 여러 지역에서 시행 중인 학생인권조례에서는 임신·출산한 학생도 차별받지 않을 권리가 있음을 명시하고 있다.

과거 이화여자대학교에는 '금혼 학칙'이 존재했던 적이 있다. 학생들의 혼인 및 임신을 금한 이 규칙은, 본래는 집안에서 여학생을 일찍 결혼시키고 출산하도록 강요하는 세태에 맞서, 학생들이 결혼을 미루고 거부하며 학교에 계속 다닐 수 있도록 하기 위한 방편으로 만들어진 것이었다. 하지만 오늘날에는 학생들의 권리를 침해할 우려가 있다는 이유로 2003년 삭제되었다. 오늘날 초·중·고에서 학생의 연애나 임신·출산 등을 규제하고 임신·출산한 학생이 학교에 다니지 못하게 하는 것은 '학생답지 못한' 학생들을 쫓아내고 학생들을 통제하기 위한 것일 뿐이다. 학교의 역할은 학생의 교육권을 보장하는 것인데, 임신·출산한 학생에 대해 손가락질을 하고 학교를 더 다니지 못하게 하는 지금의 모습은 반성하고 고쳐 나가야 할 일이다.

2009년, 고등학교에서 임신한 학생에게 전학·휴학 등을 종용하며 위협하여 학생이 자퇴하게 만든 사건에 대해, 국가인권위원회는 차별 행위이자 학습권 침해라고 판단, 시정을 권고했다. 당사자 학생은 양가 부모의 허락을 받고 결혼을 약속한 상태에서 애인과 교제하다가 임신을 하게 되었다. 학교 측은 면담 자리에서 학생이 임신한 채로 학교에 다니는 것이 어렵다며, '불미스런 행동으로 학교의 명예를 훼손한 학생 또는 불건전한 이성교제로 풍기를 문란하게 한 학생'에 대해 퇴학 조치를 할 수 있다는 생활규정을 제시하였고, 학생의 애인을 형사 고발할 수도 있다고 위협하였다. 학생은 면담 며칠 뒤 자퇴원을 제출하였다. 국가인권위원회는 학교 측에 학생을 재입학시켜 학업을 계속할 수 있도록 할 것, 교육감에게 학교에 대해 경고 조치를 할 것과 임신한 학생이 학업을 계속할 수 있는 정책을 마련할 것 등을 권고했다.

"학습권은 아동의 성장과 발달, 인격완성을 위해 필요한 학습을 할 고유의 권리로서 기본권적 인권 중에서도 핵심이다. 또한 임신으로 인해 학업을 중단할 경우 일생을 통해 실업상태나 잠재적인 실업에 놓일 가능성이 높아 장기적인 빈곤문제를 야기할 수 있다. 학업중단(낮은 교육

수준) → 취업의 어려움 → 빈곤 → 아동빈곤의 악순환을 야기할 수 있어 이들의 자립성을 높이고 미래를 위한 기회를 열어주기 위해서라도 적극적으로 교육받을 권리를 보장해야 한다. 청소년 임신이 권장할 일은 아니지만 그렇다고 그 자체로 청소년 학생에게서 교육받을 권리와 건강한 시민이 될 수 있는 기회를 박탈할 충분한 이유 또한 될 수 없다. 따라서 임신을 했다는 이유로 학교가 휴학 또는 자퇴를 종용하고 이로 인해 학생이 자퇴를 결정했다면 이는 학생의 학습권을 침해한 것이다.

(……) 피진정인은 다른 학생들의 학습권도 보호해야 한다고 주장하고 있으나 임신한 학생과 함께 학교에 다니는 것이 어떻게 다른 학생들의 학습권을 침해하게 되는 것인지에 대한 구체적인 논거를 제시하지 못하고 있다. 미혼모에 대한 사회적 낙인과 부정적 시각이 존재하는 현실에서 학생의 임신사실이 다른 학생에게 알려질 경우, 학교 당국이나 교사의 생활지도에 어려움이 예상되고 자칫 청소년 임신 등을 부추기는 것으로 오해될 소지가 있다는 우려가 일리가 없는 것은 아니다. 하지만 막연히 동료 학생들에게 좋지 않은 영향을 줄 것이고 학습에 방해가 될 것이라는 우려 때문에 임신한 학생에게 전학 또는 휴학을 종용하는 것은 타당하지 않다.

(……) 청소년의 성문제는 쉬쉬하며 적당히 외면하거나 임신한 학생을 다른 학생들로부터 분리시킴으로써 해결될 상황이 아니다. 적극적으로, 제대로 성교육을 하는 것이야말로 올바른 학생생활 지도이며 피해자를 포함한 모든 학생들의 학습권을 보장하는 길이라 할 것이다."[31]

학교에서 억울하게
퇴학당했는데, 그냥
받아들여야 하나?

저희 고등학교에는 흡연 또는 흡연 관련 물건 소지 3회 적발 시 퇴학시킨다는 규정이 있어요. 저는 얼마 전에 이 규정 때문에 퇴학을 당했습니다. 그런데 저는 흡연하다가 학기 초에 두 번 잡혀서 벌점을 받은 뒤로는 정말 담배를 끊기로 결심했거든요? 이번에는 방과 후에 저랑 같이 있던 친구가 라이터를 갖고 있는 걸 선생님께 걸렸는데, 저도 같이 피운 게 틀림없다면서 3회를 채웠다고 퇴학당했네요. 너무 억울한데 그냥 잠자코 받아들여야 하는 건가요?

학교의 징계는 교육상 필요한 경우에 학생의 인격이 존중되는 교육적인 방법으로 이루어져야 해요. 그리고 징계 과정에서 학생이나 보호자에게 의견을 진술할 기회를 주는 등의 절차를 거쳐야 합니다. 또한 퇴학 징계를 당했을 때는 억울한 점이 있다면 교육청 학생징계조정위원회에 재심을 청구할 수 있습니다. 재심 결과도 부당하다고 생각한다면 징계 취소를 청구하는 행정 소송을 할 수도 있습니다. 서울시교육청은 흡연을 몇 회 적발당했다고 해서 무조건 퇴학을 시키는 등의 학교 규칙은 법률과 학생인권조례에 어긋난다고 밝힌 바 있습니다.

학교에서는 학생이 잘못을 했을 때, 교육상 필요한 경우에는 법령과 학교 규칙으로 정하는 바에 따라 징계를 할 수 있다. 징계의 종류에는 교내 봉사, 사회 봉사, 특별 교육 이수, (1회 10일 이내, 연간 30일 이내) 출석 정지, 퇴학 처분이 있는데, 초등학교 및 중학교에서는 퇴학 처분은 불가능하다. 학생을 다른 학교로 전학시키는 것은 징계 종류에 없으며, 오직 학생 간의 폭력 등 사안에서만 당사자들을 분리시키기 위한 조치로 취할 수 있다.

「초·중등교육법」 제18조(학생의 징계) 제2항은 학생을 징계하려면 학생이나 보호자에게 의견을 진술할 기회를 주는 등 적정한 절차를 거쳐야 한다고 요구한다. 「초·중등교육법 시행령」 제31조(학생의 징계 등) 제2항은 "징계를 할 때에는 학생의 인격이 존중되는 교육적인 방법으로 하여야 하며, 그 사유의 경중에 따라 징계의 종류를 단계별로 적용하여 학생에게 개전의 기회를 주어야 한다"라고 밝힌다. 몇몇 지역에서 시행되고 있는 학생인권조례에서는, 징계 절차에서 징계 사유에 대한 사전 통지, 공정한 심의 기구, 해명 기회 보장, 대리인을 정해서 내세울 권리의 보장 등이 이루어져야 한다고 명시하고 있다.

따라서 학교의 징계가 교육상 필요성이 있는지, 사안의 경중에 따라 적절한 징계를 한 것인지, 징계 절차에서 의견을 진술하고 스스로를 변호할 기회가 제대로 주어졌는지 등을 따져 볼 수 있다. 그리고 퇴학 처분의 경우에는 학생의 학교에서의 교육권을 박탈하는 무거운 징계이기 때문에, 「초·중등교육법」에서는 특별히 교육청의 학생징계조정위원회에 재심을 청구할 수 있게 하고 있다. 재심 청구는 퇴학 조치를 받은 날부터 15일 이내 또는 그 조치가 있음을 알게 된 날부터 10일 이내에 해야 한다(제18조의2 제1항).

퇴학 처분이 아니더라도, 절차나 이유가 부당한 징계를 당한 억울한 상황이라면 대처할 방법은 있다. 국가인권위원회에 진정할 수 있으며, 만일 학생인권조례가 제정되어 있는 지역이라면 구제 절차를 이용할 수 있다. 법원에 징계 취소를 청구하는 소송을 제기할 수도 있다. 소송은 징계 절차상 문제가 있었거나 징계 처분의 근거가 된 학교 규칙이 위법, 부당하거나 징계의 정도가 너무 과하다고 주장하며 법원의 판단을 구하는 것으로 법정대리인을 통해서 가능하다.

「초·중등교육법」 등에서는 징계 과정에서 의견 진술권 등을 보장해야 한다고 하고 있고 퇴학에 대해서는 재심 청구 절차도 있다. 하지만 징계받는 학생이 공정하게 판단을 받거나 대리인의 도움을 받을 권리 등을 구체적으로 보장하는 내용은 미비하고, 퇴학 외의 징계에 대해서는 재심을 요구할 수도 없게 되어 있다. 학교에서의 학생 징계가 정말 공정하게, 교육적으로 이루어지게 하기 위해서는 학교 규칙 등을 개선하는 것과 더불어 법적 보완도 필요할 것이다.

〈종교재단에서 세운 학교에 다니면 그 종교를 믿어야 하나?〉 (134쪽)에서 소개한 바 있는, 2004년 종교 자유 보장을 요구하며 나선 학생은 학교에서 퇴학 처분을 받기도 했다. 이 학생은 퇴학 처분 무효 확인 소송을 제기했는데, 법원에서는 재량권을 남용했으며 절차상 하자가 있어서 무효라고 판결했다. 즉, 퇴학 처분은 가장 무거운 징계이기에 웬만한 사안을 이유로 퇴학 처분을 해선 안 되며, 징계 절차에서 진술 기회 부여 등 절차를 지켜야 한다는 것이다.

"원고는 이 사건 퇴학처분 후 피고 대광학원을 상대로 서울북부지방법원 2004가합4809호로 퇴학처분무효확인의 소를 제기하여 2005. 1. 21. 전부 승소의 판결을 선고받았고, 그 판결은 그 무렵 그대로 확정되었는데, 그 판결 이유의 요지는 다음과 같다. (……)

(3) 원고가 담임교사인 소외 4의 정당한 지도에 대하여 반발하고 불손한 태도를 보인 점은 징계기준 제14항에 해당한다고는 볼 수 없고, 다만 퇴학처분까지 가능한 징계기준 제6항에는 일단 해당하나, 위 나)의 ① 내지 ⑦의 각 점과 원고가 자신이 가지는 종교의 자유를 표현하는 과정에 1, 2차 교내방송과 앞서 본 바와 같은 1인 시위를 하였고, 원고의

1, 2차 교내방송 및 1인 시위에 더한 소외 4의 원고에 대한 지도 과정에서 원고의 위 징계사유에 해당하는 행위가 있었던 점, 원고의 위 징계사유에 해당하는 행위의 정도가 품행이 불량하여 개선의 가망이 없다고 인정되는 정도에 이른 것으로는 보이지 않는 점 등을 종합하여 보면, 피고 대광학원이 위 징계 사유에 기하여 원고에게 징계처분 중 가장 무거운 퇴학처분을 한 것은 비례의 원칙에 반하고 징계재량권의 범위를 벗어난 것으로서 위법하다.

(4) 초·중등교육법 제18조 제2항과 대광고등학교의 학칙 및 학생선도규정의 관련 조항에 의하면, 학생선도위원회는 그 심의절차에서 학생의 보호자(학부모)에게 의견을 진술할 기회를 부여하여야 하는데, 학생선도위원회는 원고의 부모에게 학생선도위원회에 참석하여 진술할 수 있음을 알리지 않았고, 심의절차에서 의견을 진술할 기회를 부여하지 않았으므로, 징계절차에도 하자가 있다.

(5) 따라서, 이 사건 토 학처분은 실체적으로 재량권을 남용한 위법한 처분일 뿐 아니라, 징계절차에 있어서도 하자가 있어 무효이다."[32]

또한 퇴학의 근거와 이유 등을 제대로 알 수 있게 설명하는 것도 꼭 필요하다. 일정 기간 반복된 교권 침해를 이유로 학생을 퇴학시킨 사건에 대해서, 통보서에 징계의 이유 등을 제대로 기재하여 알리지 않은 것과 과거의 여러 행위들까지 퇴학의 사유로 삼은 것은 퇴학 처분의 근거와 이유를 제대로 제시하지 않은 것이라고 보아 무효라고 한 판례가 있다.

"다. 처분의 근거와 이유를 제시하지 않았는지

가) 앞에서 살펴본 바와 같이 피고는 C에게 '징계처분통보서'라는 제목의 서류(이하 '이 사건 처분서'라 한다)를 보내는 방법으로 이 사건 처분을 통지하였고, 이 사건 처분서에는 퇴학처분의 근거가 되는 규정만 열거되어 있을 뿐 퇴학처분의 원인이 되는 구체적인 위반사실의 시기, 태양 등에 대하여 적시되어 있지 않다. 따라서 이 사건 처분서에 이 사건 퇴학처분의 원인이 되는 구체적인 위반사실의 기재 없이 '성행이 불량하여 개전의 정이 없다고 인정된 학생', '공공시설물, 집기류 등을 파손한 학생', '불미스러운 행동으로 학교의 명예를 훼손한 학생', '학생을 선동하여 질서를 문란하게 한 학생' 등 학교생활규정의 문언을 기재한 것만으로는 원고의 어떠한 행위가 위와 같은 규정에 해당하는지 알 수 없었을 것으로 보인다.

나) 이 사건 퇴학처분이 이루어지기까지의 과정을 모두 살펴보았을 때 이 사건 상벌점 내역에 기재된 행동이나 이 사건 다툼이 이 사건 퇴학처분의 사유가 되었을 것이라는 점은 원고도 알 수 있었을 것으로 보인다. 그러나 학교선도위원회의 결의 내용, 피고의 답변서 기재내용에 비

추어 피고는 '2014. 7. 11경부터 2014. 12. 2.경까지 있었던 원고의 행위' 또한 이 사건 퇴학처분의 사우로 삼은 것으로 보이는데, 위와 같은 행위들은 이미 취소된 바 있는 종전 징계처분의 사유들로 보이고, 이 사건 퇴학처분과 시간적으로 떨어진 행위인 점에 비추어 원고로서는 피고가 이러한 행위들까지 이 사건 퇴학처분의 사유로 삼았다는 것을 알았다고 보기 어렵다.

따라서 이 사건 처분서에 기재된 내용과 관계 법령 및 이 사건 퇴학처분에 이르기까지의 전체적인 과정 등을 종합적으로 고려하여 보더라도, 원고로서는 어떠한 근거와 사유로 이 사건 퇴학처분이 이루어졌는지 알 수 있었을 것으로 보기 어렵다.

라. 결론

결국 이 사건 퇴학처분은 원고의 나머지 주장에 더 나아가 살펴볼 필요 없이 위법하므로 취소되어야 한다."[33]

학교 규칙을 정할 때
학생도 참여해야 하는 거
아닌가?

? 우리 학교에 올해 황당한 벌점 규정들이 생겼어요. 주민 민원이 있었다면서 주택가인 후문으로 등·하교를 하면 벌점 3점이고, 수업 중에 담요를 두르거나 덮고 있으면 벌점 1점이래요. 가장 황당한 것은 '교사 지시 불이행'인데, 억울하다고 뭐라 항의만 해도 저 항목으로 벌점을 5점씩 줍니다. 학생들은 이렇게 새로 규정이 생기는 줄도 몰랐는데 어느 날부터 잡더라고요. 민주주의인데, 학교 규칙을 만들 때 저희 의견도 반영해야 하는 것 아닌가요?

! 학생들에게는 참여권이 있고, 학교 운영에도 학생들의 의견을 반영하는 것이 물론 바람직합니다. 하지만 이를 위한 법적 절차가 제대로 마련되어 있지는 않습니다. 학교운영위원회 등에는 학생이 위원으로 참여할 수 없고, 학교운영위원회가 학생 대표의 의견을 들을 수 있다는 법령이 있지만 의무는 아니기 때문입니다. 다만 학생인권조례가 있는 지역에서는 규칙을 만들거나 바꿀 때 학생의 참여를 반드시 보장해야 하는 예도 있습니다.

자신과 관련된 공적인 결정에 더해 의견을 이야기하고 직간접적으로 참여할 수 있는 권리는 보편적 인권이라 할 수 있다. 「유엔 아동권리협약」 제12조는 "자신의 견해를 형성할 능력이 있는 아동에 대하여 본인에게 영향을 끼치는 모든 문제에 있어서 자신의 견해를 자유스럽게 표시할 권리를 보장하며, 아동의 견해에 대하여는 아동의 연령과 성숙도에 따라 정당한 비중이 부여되어야 한다"라고 하여 청소년이 의견을 표현할 권리와 그 의견이 정당하게 경청받고 반영될 권리를 명시하고 있다. 학교 규칙 제·개정을 포함하여 학교 운영에 관해 학생들이 참여할 권리도 그 안에 포함된다.

현재 「초·중등교육법」은 이러한 권리를 구체적으로 보장하고 있지 않다. 우선, 「초·중등교육법」에서는 학생들이 학생회 등을 만들어 자치활동을 하는 것이 보호받는다고 하고는 있다. 하지만 학생들의 자치활동이 자율적으로 이루어지기 위해 실질적으로 필요한 지원이나, 학생들이 보장받아야 할 권리가 명시되어 있진 않다.

나아가서 초·중·고에는 민주적 자치를 위해 둔 학교운영위원회라는 기구가 있다. 학교운영위원회는 학교 규칙 제·개정, 예산 운용, 교과서 선정, 학사 일정, 입시에서 학교장 추천, 운동부 운영 등 학교 운영에 대한 다양한 사항을 다룬다. 학교운영위원회는 국·공립 학교의 경우는 심의 기구, 사립 학교의 경우는 자문 기구의 성격을 띤다. 심의 기구란 학교운영위원회가 학교의 운영에 관한 사항을 논의하고 결정하긴 하지만, 학교장이 그 결정을 반드시 그대로 따르지는 않아도 된다는 의미이다. 하지만 「초·중등교육법 시행령」 제60조(심의결과의 시행 등)에서는 "국·공립학교의 장은 운영위원회의 심의결과를 최대한 존중하여야 하며, 그 심의결과와 다르게 시행하고자 하는 경우에는 이를 운영위원회와 관할청에 서면으로 보고하여야 한다"라고 되어 있고 학교운영위원회 결정을 쉽게 무시할 수는 없다. 사립 학교는 자문 기구라 그 권한은 더 약하지만, 학교장은 학교운영위원회 자문 결과를 최대한 존중하여야 한다(제63조). 그런데 「초·중등교육법」에서 학교운영위원회는 교원 대표, 학부모 대표, 지역사회 인사로 구성하게 정해져 있다(제31조). 학생 대표는 학교운영위원회 위원으로 참여할 수 없는 것이다.

학생이 학교 운영에 의견을 반영할 방법이 법령에 아예 없는 것은 아니다. 「초·중등교육법 시행령」 제9조 제4항은 "학칙을 제정하거나 개정할 때에는 학칙으로 정하는 바에 따라 미리 학생, 학부모, 교원의 의견을 듣고, 그 의견을 반영하도록 노력하여야 한다"라고 되어 있다. 학교운영위원회를 다루는 제59조의4는 국·공립 학교의 학교운영위원회는 학교 규칙 제·개정, 정규 교육 활동 외의 교육 활동이나 수련 활동, 학교 급식에 관해서 필요하다고 인정하는 경우 학생 대표 등을 회의에 참석하게 하여 의견을 들을 수 있으며, 학생 대표가 학생의 학교생활에 관해 학생들의 의견을 수렴하여 제안하게 할 수 있다고 되어 있다. 그런데 이러한 조항들은 학생들의 의견을 반영해야 한다거나 학생들이 결정 과정에서 의미 있는 영향력을 행사할 수 있게 하는 내용이 아니다. 학교장이 의견 반영을 위해 '노력하라'고만 되어 있고, 학교운영위원회가 필요하다고 생각하면 의견을 '들을 수 있다'고 되어 있기 때문이다. 따라서 학교 규칙 제·개정이나 학교 운영에 대해 학생들의 참여는 가능하지만 법적으로 보장된다고 볼 수는 없다. 실제로 학교생활규정 제·개정 시 학생, 학부모, 교사, 교감으로 실무 추진팀을 구성하여 의견을 수렴하고 학교운영위원회 심의 및 학교장 승인을 통해 학교생활규정을 개정하도록 학교 규칙에서 정하고 있음에도, 팀을 구성하지 않고 학교생활규정을 개정하여 사실상 학생 참여가 배제된 사례도 있다.[34] 의견 반영을 위한 절차도 학교에선 제대로 지켜지지 않곤 하는 것이다.

일부 지역에서 시행 중인 학생인권조례에서는 학생의 참여권을 보다 구체적으로 보장하고 있는 경우가 있다. 먼저 학생 및 학생자치조직이 학교 규칙 제·개정안에 대해 의견을 제출할 권리를 보장하고 있다. 또한 경기도는 규칙 개정을 논의하는 위원회에 학생 대표가 반드시 포함되도록 명시했고, 서울은 학생의 권리를 제한하는 내용이 포함될 때는 '전체 학생의 의견을 수렴할 수 있는 학내 공청회를 거쳐 그 결과를 반영하여야 한다'고 명시했다.*

　　민주주의 국가에서는 학생들의 학교 운영 참여를 보장하는 사례가 많다. 독일은 학생 대표가 학교협의회에 동등한 구성원으로 참여할 수 있으며, 고등학교에서는 학생 대표의 숫자가 학부모 대표의 숫자보다 더 많아진다. 유엔아동권리위원회 역시 2011년 10월 대한민국에 대해 "학교운영위원회에 학생들의 유의미한 참여를 허용할 것"을 권고한 바 있다. 한국의 학교에서도 학생들의 민주적인 참여를 실질적으로 보장하기 위한 개선책이 마련되어야 할 것이다.

* 경기도 학생인권조례 제46조(규정개정심의위원회), 서울특별시 학생인권조례 제19조
  (학칙 등 학교규정의 제·개정에 참여할 권리)

학교에서 뭘
어떻게 배울지 법에
다 정해져 있나?

? 고등학교에서는 과목도 너무 많고, 저녁 5시까지 학교 수업을 들어야
하는 게 너무 별로 같아요. 부모님한테 이런 이야기를 해 봤더니 학교에서
뭘 배워야 하는지는 다 법으로 정해져 있는 거라, 법을 지키려면
다 배워야 한다는 거예요. 대학 입시도 다 정부가 정한 거라고 하고요.
정말인가요?

! 학교교육에서 배우는 교과목은 법령에 의해 정해져 있습니다. 최소
수업 일수 등도 법령에 의해 정해집니다. 각 교과를 얼마나 배워야
하는지, 어떤 내용을 담을지는 교육부가 국가 교육과정을 만들어
정하고요. 하지만 법령이나 교육부에서 모든 것을 다 정해 놓은 것은
아니고, 교육부가 정한 기준을 바탕 삼아 각 지역 교육감 그리고 학교에서
구체적으로 계획하여 운영합니다. 대학 입시도 법령에서 기본적인
방식을 정하고, 구체적 사항은 그 틀 안에서 교육부와 대학들이 정합니다.

「초·중등교육법」 제20조(교직원의 임무) 제4항은 "교사는 법령에서 정하는 바에 따라 학생을 교육한다"이다. 학교에서의 교육과정이 법령에 의해 정해진다는 말이다. 「초·중등교육법」 제23조(교육과정 등)는 '교과^{敎科}'는 시행령으로 정하고, 교육과정의 기준과 내용의 기본적 사항을 교육부가 정한다고 되어 있다. 이에 따라 「초·중등교육법 시행령」에서는 국어, 도덕, 사회, 수학, 과학 등의 초등학교, 중학교, 고등학교의 교과를 나열하고 있다 (제43조). 여기에 명시된 교과 외에도 교육부 장관이 필요하다고 인정한 교과가 추가될 수 있고, 특성화고에서는 산업 분야의 요구에 맞춰 교육과정을 달리 운영할 수 있다.

이러한 법령에 따라서 교육부는 국가 교육과정을 고시^{告示}*한다. 교육부 고시 「초·중등학교 교육과정」은 각 과목별로 최소 몇 시간의 수업을 이수해야 하는지, 각 학교급이나 학년에서 어떤 내용을 교육해야 하는지, 각 교과와 단계마다 평가에서 성취 기준은 어떤 것이어야 하는지 등을 세세하게 정하고 있다.

이에 더해 「초·중등교육법」에는 학년 시작을 3월 1일부터 한

---

* 행정 기관이 사람들에게 어떠한 내용을 알리는 일종의 공지 사항이며, 행정규칙에 해당한다. 교육부의 교육과정 고시는 「초·중등교육법」의 위임에 따라 법령의 시행에 필요한 구체적 사항을 정한 것이며, 「초·중등교육법」의 일부가 됨으로써 법적으로 대외적인 구속력을 갖는다.

다거나, 낮 시간에 평일에 매일 하는 것을 원칙으로 한다는 내용도 포함되어 있다(제24조). 「초·중등교육법 시행령」은 매년 수업 일수를 '190일 이상'으로 규정하고 있고, 공휴일이나 여름·겨울 방학을 둔다는 내용도 있다(제45조, 제47조). 말하자면 학교 운영에 관한 기본적인 사항은 법령으로 거의 다 정해져 있는 것이다.

그렇지만 교과목이나 수업 내용, 방식 등이 하나부터 열까지 다 정해져 있는 것은 아니다. 법률에서도 교육부가 정한 국가 교육과정의 범위 안에서 지역별 교육감이 지역 실정에 맞는 기준과 내용을 정할 수 있기 하고 있다. 국가 교육과정에서도 학교가 교과목별 시간이나 운영 방식을 보다 유연하게 정할 수 있게 하고 있다. 예를 들면, 연간 총 수업 시수를 줄일 수는 없지만, 교과별로 20% 범위에서 수업 시수를 늘리거나 줄여서 비중을 조절할 수 있다.

대학 입시에 관한 사항은 「고등교육법」과 「고등교육법 시행령」에서 규정하고 있다. 예를 들면 입시 전형을 일반 전형과 특별 전형으로 나누는 것이 있다. 일반 전형은 학교 교육과정에 따른 평가 결과로 학생을 경쟁시켜 선발하는 것이고, 특별 전형은 특별한 경력이나 소질 또는 소수자 지원 등에 주안점을 두고 정한 기준에 따라 학생을 경쟁시켜 선발하는 것이다.(「고등교육법」 제34조, 「고등교육법 시행령」 제34조) 이처럼 법령이 정한 범위 내에 서 대학교 대표자들이 모인 협의체(한국대학교육협의

회)가 자세한 입시 방식을 만들어, 대학입학전형시행계획을 공
표하여 시행한다.

　유엔아동권리위원회는 여러 차례 한국의 교육 제도가 「유엔
아동권리협약」이 요구하는 교육권을 제대로 보장하지 못하고
있고 아동의 발달권 등을 저해하고 있다고 지적하며 지나치게
경쟁적인 교육 제도를 개선하라고 권고한 바 있다. 한국의 수업
일수나 수업 시수는 다른 나라들에 비해 많은 편이고, 입시의 압
박까지 더해져 학습 부담도 크다. 국가 교육과정이 과도하게 세
세한 기준을 정하고 있어서 수업 부담이 커지는 것이며, 기준을
더 포괄적으로 바꾸고 학교와 교사의 재량을 늘려야 한다는 의
견도 있다. 법령이나 국가 교육과정 고시에서는 수업 일수나 수
업 시수의 최소 기준만 정하고 있기 때문에, 많은 학교들이 이보
다 더 많은 양의 수업을 하고 있기도 하다. 또한 「고등교육법 시
행령」은 대학 입학생 선발을 경쟁에 의하여 한다고 못박아 놓고
있다. 학생들의 학습 부담과 입시 경쟁 교육 등의 폐해를 해결하
려면, 이와 같은 관련 법령들을 개선하는 것도 고민해야 할 과제
이다.

　교육권이라고 하면 부모·보호자나 교사의 '교육할 권리'라
생각하기 쉽고, 교육 정책에서도 학생들보다는 '학부모'의 입장
을 우선하기가 쉽다. 하지만 헌법적·인권적 원칙에서 교육권은
청소년(학생)의 '교육에 대한 권리'를 중심에 두어야 한다. 헌법

재판소는 부모가 자녀를 교육할 권리에 관하여서 "자녀의 보호
와 인격발현을 위하여 부여되는 기본권이다. 다시 말하면, 부모
의 자녀교육권은 자녀의 행복이란 관점에서 보장되는 것이며,
자녀의 행복이 부모의 교육에 있어서 그 방향을 결정하는 지침
이 된다. (……) 부모의 자녀교육권은 '자녀교육에 대한 부모의
책임'으로도 표현될 수 있다"[35]라고 확인하였다. 즉, 부모의 교육
할 권리란 청소년의 행복과 발달, 인격 발현을 위한 책임이라 할
수 있는 것이다. 따라서 국가의 교육 관련 법·제도는 청소년이
주체인 교육권을 실현하는 방향으로 마련되어야 한다.

학원에서 체벌을 하고
밤 12시까지 공부를
시켜도 되는 건가?

전 경기도에 사는 고등학생이에요. 얼마 전부터 동네에서 유명한 입시 학원에 다니기 시작했어요. 정말 놀란 게, 학원에서 숙제를 안 해 왔다고 매로 손바닥을 때리더라고요. 학교에선 밤 9시까지 하는 야간자율학습도 자유롭게 선택할 수 있는데, 이 학원은 밤 11시까지 교습을 하고 12시까지 의무적으로 자율학습을 하다 가라고 하네요. 학원도 너무 늦은 밤까지는 못 한단 말을 들었던 것 같은데, 아닌가요?

학원에서의 체벌은 원칙적으로 불법이에요. 경우에 따라서는 아동학대에 해당할 수도 있습니다. 학원의 심야 교습은 지역별 조례에 따라 제한됩니다. 경기도는 밤 10시부터 아침 5시 사이에는 교습을 할 수 없습니다. 학원에서 아동학대 행위가 있었거나, 학원이 교습 시간 제한을 어긴 것이 적발되면, 영업 정지 등의 행정 처분으로 처벌받을 수 있습니다.

학원을 비롯해 사교육에 관한 사항은 「학원의 설립·운영 및 과외교습에 관한 법률」(「학원법」)에 정해져 있다. 이 법에 따라 학원은 교습비를 투명하게 공개해야 하고, 정해진 시설 기준이나 강사의 자격 등을 충족해야 한다. 또한 「학원법」 제16조 제2항은 '학교의 수업과 학생의 건강 등에 미치는 영향을 고려하여' 지역별 조례로 학원 또는 개인과외교습자의 교습 시간을 제한할 수 있다고 규정했다. 그래서 모든 광역시·도에서는 '학원의 설립·운영 및 과외교습에 관한 조례'를 만들어, 학교에 다니는 학생들의 경우에는 학원 심야 교습 시간을 제한하고 있다. 그 제한 시각 기준은 밤 9시부터 12시까지 학교급과 지역에 따라 차이가 있다. 예를 들어 경기, 광주, 대구, 서울은 밤 10시부터 새벽 5시까지 일률적으로 제한하는 한편, 전북, 제주, 인천은 초등학생은 밤 9시, 중학생은 밤 10시, 고등학교는 밤 11시부터로 차등을 두고 있다.

학원이 이러한 교습 시간 제한을 위반한 것이 적발되면 벌점을 받게 되고, 벌점이 누적되면 영업 정지 등의 행정 처분으로 처벌받게 된다. 정부는 교습비나 교습 시간 등의 법을 어긴 학원을 신고하면 포상금을 주는 제도도 운영하고 있다.

학원 관련 법률이나 조례에는 학원생에 대한 체벌을 허용하는 내용이 전혀 없다. 따라서 학원에서의 체벌은 법적으로는 명백하게 불법이며, 「아동복지법」과 「아동학대처벌법」이 금지하는 아동학대에 해당한다. 학원 강사 역시 「아동복지법」

제5조(보호자 등의 책무)* 등의 적용을 받는 '보호자'에 해당하기 때문이다. 「학원법」에서는 아동학대 행위가 있었음이 확인된 경우, 교육감이 영업 정지나 학원 폐쇄의 행정 처분을 할 수 있다고 하고 있다(제17조 제1항 제12호). 지역에 따라서는 조례에서 체벌 금지나 학습자 인권 존중을 의무로 명시한 경우도 있다. 「경기도 학원의 설립·운영 및 과외교습에 관한 조례」가 대표적이다. 이 조례는 학원 설립·운영자 등이 학습자의 기본적 인권이 존중되고 보호되도록 노력할 의무가 있고, 따라서 학원에서 학습자에게 처벌을 가하거나 신체·정신상의 자유로운 활동을 강제로 제약할 수 없으며, 제때에 식사를 할 수 있도록 교습 시간을 알맞게 안배하는 등의 노력을 기울여야 한다고 하고 있다(제12조). 그러나 이러한 법에도 불구하고 청소년에 대한 체벌에 관대한 문화 때문에 학원에서의 체벌이 제대로 처벌받지 않는 경우가 있다. 학교나 가정에서의 체벌을 근절하는 것과 동시에 법을 개정하는 등 계속 보완해야 할 부분이다.

---

* "아동의 보호자는 아동에게 신체적 고통이나 폭언 등의 정신적 고통을 가하여서는 아니 된다."

2020년 기준 지역별 조례에 따른 학원 교습 제한 시간

지역	초등학생	중학생	고등학생
광주	22시~5시	22시~ 5시	22시~5시
대구	22시~ 5시	22시~5시	22시~5시
대전	22시~ 5시	23시~5시	24시~5시
부산	22시~5시	22시~5시	23시~5시
서울	22시~ 5시	22시~5시	22시~5시
세종	21시~ 5시	22시~5시	22시~5시
울산	24시~ 5시	24시~5시	24시~5시
인천	21시~5시	22시~5시	23시~5시
강원도	22시~ 5시	23시~5시	24시~5시
경기도	22시~ 5시	22시~5시	22시~5시
경상남도	21시~ 5시	23시~5시	24시~5시
경상북도	21시~5시	23시~5시	24시~5시
전라남도	22시~ 5시	22시~5시	23시 50분~ 5시
전라북도	21시~5시	22시~5시	23시~5시
제주도	21시~5시	22시~5시	23시~5시
충청남도	21시~5시	22시~5시	24시~5시
충청북도	23시~5시	23시~5시	24시~ 5시

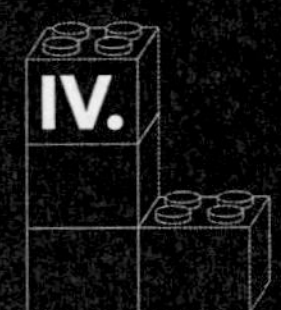

IV.

안전하게 존중받으며 일할 수 있을까

근로기준법과 노동권

아르바이트는 몇 살부터 할 수 있지?

청소년은 밤에는 일을 할 수 없나?

임금을 청소년이라고 해서 적게 줘도 되는 건가?

월급 주는 날을 사장 마음대로 미뤄도 되나?

쉬는 시간에도 손님이 오면 일을 해야 하나?

갑자기 내일부터 나오지 말라고 할 수도 있나?

일자리를 구하는데, 나이로 차별해도 되는 건가?

아르바이트를 하다가 다쳤는데, 보상받을 수 있을까?

직장에서 성희롱을 당했는데 어떻게 해야 하나?

청소년도 노동조합을 할 수 있나?

고용과 노동의 기본적 조건에 대해 정한 법률이 「근로기준법」이다. 「근로기준법」에는 노동 과정에서 지켜져야 하는 원칙, 노동자의 기본적인 권리, 임금, 노동시간 등에 관한 최소한의 기준이 정해져 있다. 그 밖에도 「최저임금법」 「남녀고용평등과 일·가정 양립 지원에 관한 법률」 「노동조합 및 노동관계조정법」 등이 노동자가 보장받아야 할 권리를 담고 있다.

일을 하고 돈을 버는 (임금) 노동은 사장과 노동자가 알아서 정할 문제라고 생각하기가 쉽다. 하지만 노동 문제 역시 법에 의해 많은 부분 규율된다. 「헌법」 제32조는 "국가는 사회적·경제적 방법으로 근로자의 고용의 증진과 적정임금의 보장에 노력하여야 하며, 법률이 정하는 바에 의하여 최저임금제를 시행하여야 한다", "근로조건의 기준은 인간의 존엄성을 보장하도록 법률로 정한다", "여자의 근로는 특별한 보호를 받으며, 고용·임금 및 근로조건에 있어서 부당한 차별을 받지 아니한다", "연소자의 근로는 특별한 보호를 받는다"라고 하여 국가가 노동 조건이나 임금을 보장하고, 차별을 없애야 하며, 약자를 특별히 보호해야 한다고 하고 있다. 노동자들이 노동조합을 만들어 권익을 향상시키고 파업 등의 단체행동을 할 권리도 「헌법」에 명시되어 있다. 이는 노동자의 권리가 단지 사적인 계약 관계에 맡겨져선 안 된다는 취지이다. 노동은 대다수의 사람들이 생존과 자아실현을 위해 해야만 하는 활동이며, 노동자의 기본적 권리와 노동의 조건을 보장하는 것이 인간의 존엄성과 공익을 위해 필요하기 때문이다.

4부에서는 일하는 청소년들이 알면 좋을 기본적인 노동 관련 법과 노동자의 권리, 그리고 청소년 노동에 관련된 특별한 법 조항의 의미와 한계 등을 들여다본다. 청소년은 보통 노동으로부터 거리가 멀다는 고정관념이 있다. 현행법은 일을 하는 데 연령 제한을 두고 청소년 노동에 대해 특별히 더 보호한다. 역사적으로 어린이·청소년들이 부모에 의해 또는 먹고살기 위해서 장시간 열악한 조건에서 노동을 하게 되면서 건강을 해치거나 위험한 상황에 놓이는 등의 문제가 있었기 때문이다. 이는 한편으로는 청소년을 노동 착취 등으로부터 보호하려는 것이지만, 다른 한편으로는 일하는 청소년들에 대한 편견으로 이어지고 청소년 노동의 가치를 '용돈벌이', '일탈'로 폄하하는 결과를 낳는다. 지금 당장 혹은 나중에라도 노동하며 사는 많은 청소년들이 노동에 대해 잘 알지 못하게 하는 부작용도 있다. 2018년 기준 고등학생 중 아르바이트를 해 본 비율은 15%로, 일하는 청소년은 결코 드물지 않다. 한국 사회에서 청소년 노동자는 계속 있어 왔고, 근래에는 아르바이트 등 파트타임으로 일하는 청소년들의 비중이 늘어나고 있다. 실제로 볼리비아에서는 어린이·청소년 노동자들이 권익을 지키기 위해 노동조합을 만들었는데, 법적으로는 아동 노동이 금지되어 있기 때문에 합법적으로 인정받지 못하는 문제가 생기기도 했다. 볼리비아 아동 노조의 대표는 이 문제에 대해 "어린이들의 노동의 권리를 막기보다는 아동 노동을 양산하는 '빈곤'을 우선 없애라"라고 말했다.[36] 청소년의 노동을 부정적인 것으로만 바라보면 일하는 청소년들의 권리가 오히려 취약해지는 역설이 생긴다. 노동은 청소년들이 이 사회의 구성원으로 살아가고 생계를 꾸려 가는 데 기본적인 권리일 수 있다. 청소년들이 노동자로서 권리를 편견 없이 보장받고 안전하게 일할 수 있는 사회가 되어야 할 것이다.

노동권,
노동인권,
노동3권

노동권 또는 근로의 권리는 좁게는 일할 권리 내지는 일할 기회를 가질 권리를 말하며, 넓게는 안전하고 건강하게 일할 권리, 노동하면서 존엄한 삶을 보장받을 권리 등을 가리킨다. 「헌법」이나 국제 인권법에서는 노동 조건은 인간의 존엄성을 보장해야 한다거나 부당한 차별을 받지 않는다거나 동일한 노동에 대해 동일한 보수를 받을 권리가 있다는 등의 내용으로 노동권을 담고 있다.

노동인권은 노동권을 좀 더 포괄적으로 이야기하기 위해 만들어진 말이다. 노동권이라고 말하면 단순히 '일할 권리'로만 이해되거나 노동 조건에 관련된 권리로만 이해될 수 있다. 차별받지 않을 권리 등 노동자로서 보장받아야 할 여러 측면에서의 권리를 이야기하고, 다양한 소수자 노동자들의 권리를 이야기하기 위해 노동인권이라는 말을 사용한다.

　　노동3권은 노동조합을 만들고 단체행동을 통해 노동자의 권익을 지키고 향상시킬 수 있게 하는 권리들을 특별히 이르는 것이다. 노동자가 노동조합을 결성하고 가입할 수 있는 단결권, 노동조합 등을 통해 사용자와 교섭하여 노동 조건 등을 정할 수 있는 단체교섭권, 파업 등 사용자에게 손해를 입히고 압박하는 쟁의 행위를 할 수 있는 단체행동권의 세 가지 권리이다. 노동3권은 「헌법」과 국제 인권법에 의해 보장된다.

　　노동자들이 뭉쳐서 사장에게 손해를 입히는 파업 등을 할 수 있는 것이 「헌법」이 보장한 '권리'라는 이야기가 놀랍게 느껴질 수도 있다. 먹고살기 위해 일을 하는 노동자와, 노동자에게 일을 시키고 돈을 주는 사장 사이의 관계에서는 노동자가 지나치게 불리허지기가 쉽다. 그 결과 노동자들이 적은 돈을 받으며 너무 긴 시간 일하다가 건강을 해치거나 위험한 일을 하다가 목숨을 잃는 등의 문제가 커졌다. 때문에 노동자들이 힘을 합쳐서 단체행동을 할 권리를 보장함으로써 노동자의 권익을 지키고 향상시킬 수 있도록 한 것이 노동3권이다. 노동자들이 단체를 만들고 단체행동을 할 권리는 수백 년 전부터 노동자들이 인간답게 살 권리를 주장하며 노동운동을 해

온 결과 중요한 권리로 인정받게 되었다. 한국은 노동3권이 「헌법」상 권리임에도, 실제 법률에서나 일터에서는 제대로 보장되지 않고 있다는 문제점이 있다.

아르바이트는
몇 살부터
할 수 있지?

올해 중학교 3학년이 됐는데요. 전 옛날부터 아르바이트를 꼭 해 보고 싶었어요. 일단 학교 끝나는 시간에 맞춰서 할 수 있는 일을 해 보려고 몇 군데 면접을 봤는데 다들 제가 너무 어리다면서 안 뽑아 주더라고요. 중학생이면 아직 아르바이트 못 하는 거 아니냐는 이야기도 들었고요. 저는 아르바이트를 하고 싶어도 할 수 없나요?

법적으로 만 15세 이상부터는 아르바이트, 임금 노동을 할 수 있습니다. 특별한 경우에는 만 15세 미만도 노동을 할 수 있고요. 하지만 만 18세 미만이면 여러 가지 따라붙는 조건이나 추가적 제한들이 있습니다. 그래서 청소년을 잘 채용하려 하지 않는 곳들도 많습니다. 청소년이나 청소년의 노동에 대한 사회적 편견의 영향도 있겠습니다.

「근로기준법」상 노동이 가능한 나이는 만 15세 이상이다. 만 15세 이상이라도 중학교에 재학 중인 사람은 임금 노동을 할 수 없다. 만 13세 이상 만 15세 미만 청소년은 일을 해야 할 특별한 사정이 있으면 고용노동부로부터 '취직인허증'을 받아서 일을 할 수도 있다. 그리고 만 13세 미만이어도 예술 공연에 참가하는 등의 경우(예를 들어, 아역 배우나 어린이 합창단 등)에는 취직 인허증을 받을 수 있다. 취직인허증은 가까운 지방노동관서에서 본인과 부모·보호자나 후견인의 동의 서명, 의무교육 대상자이거나 학교 재학 중이라면 학교장의 서명을 더하여, 지정된 양식에 맞춰 서류를 제출하여 신청할 수 있다(제64조, 「근로기준법 시행령」 제35조).

만 15세 이상 만 18세 미만 청소년은 따로 허가 같은 게 없어도 일할 수 있지만, 부모·보호자(법정대리인)의 동의서와 가족관계증명서를 사장에게 제출해야 하고, 사장은 이를 사업장에 갖고 있어야 한다. 다만, 근로 계약을 체결한 이후에는 만 19세 미만인 경우에도 독자적으로 임금을 청구할 수 있다. 또 "친권자나 후견인은 미성년자의 근로 계약을 대리할 수 없다"는 규정이 있다. 부모·보호자가 청소년에게 강제로 노동을 시키는 것을 막기 위해서다. 그리고 청소년은 잠수 작업이나 위험한 물질을 다루는 일, 술집 같은 「청소년 보호법」상 청소년 유해 업소나 도덕상 또는 보건상 유해·위험한 업종에서는 일할 수 없는 등의 제한도 있다.*

아르바이트 등 임금 노동을 시작할 때는 꼭 '근로 계약서'를 써야 한다. 「근로기준법」 제17조는 사장이 근로 기준을 명시하여 서면(글로 쓰인 문서)으로 노동자에게 주라고 규정하고 있다. 근로 계약서에는 임금, 노동시간, 휴일, 연차 휴가 등이 포함되어 있어야 한다. 임금 노동 관계는, 돈을 주고 일을 시키는 위치인 사장이 일방적으로 노동 조건을 변경하는 등의 문제가 생기기 쉬운 구조이다. 그래서 근로 계약서를 작성해서 가지고 있으면, 나중에 가서 사장이 돈을 덜 주거나 처음에 하기로 한 일이 아닌 다른 일을 시키거나 하는 등의 문제가 생겼을 때 항의하거나 해결하기가 쉬워진다. 청소년은 특히 근로 계약서를 안 쓰고 일하는 경우가 많은데, 이는 청소년 노동자의 잘못이 아니며, 근로 계약서를 쓰자고 요구하지 못하더라도 처음 일을 하기로 했을 때의 노동 조건이나 임금 등을 잘 기록하거나 녹음해 두는 등 증거를 남겨 두면 유용할 것이다. 사장이 근로 계약서에 적은 노동 조건을 위반할 경우 노동자는 노동위원회에 손해배상을 받게 해 달라고 구제 신청을 할 수 있다.

일을 할 수 있는 최저 연령 기준을 제한하는 것, 일할 수 있

---

* 「근로기준법」 제65조, 제66조, 제67즈, 제69조, 「근로기준법 시행령」 제40조

는 업종을 제한하고 보호자 동의서를 요구하는 것 등은 청소년
을 보호하기 위한 법이다. 너무 어린 나이부터 일을 하느라 건강
을 해치게 되는 문제를 예방하고, 일하는 청소년이 부당한 대우,
노동 착취 등을 겪지 않게 하기 위한 것이다. 그런데 이러한 규
제가 돈을 벌 필요가 있는 청소년들이 불법적인 노동을 하게 만
들거나 제대로 보호를 받지 못하게 하는 결과를 낳기도 한다. 가
령 법정대리인 동의서 제도 같은 경우는, 가출했거나 가정 폭력
을 당하는 등 보호자의 동의를 구하기 어려운 상황에 놓인 청소
년들이 일을 구하는 데 걸림돌이 된다. 사장 입장에서는 법정대
리인의 동의 없이 채용할 경우 처벌을 받을 수 있어 청소년 고용
을 기피하기도 한다. 다른 나라들을 살펴봐도 일하는 데 부모·보
호자의 동의서를 내라고 법으로 정해 놓은 경우는 드물다. 청소
년 노동자를 보호하기 위한 법이 정말로 도움이 되는지, 부작용
은 없는지 점검해야 할 이유이다.

청소년은
밤에는 일을
할 수 없나?

가정 형편이 어려워져서 생활비에 보태려고 24시 식당에서 아르바이트를 시작했어요. 고등학교 수업이 5시에 끝나서, 저녁 시간부터 밤 10시까지만 일했거든요? 얼마 전 사장님이 일손이 부족해서 그러는데 12시까지 몇 달만 일해 줄 수 없냐고 물어보더라고요. 돈을 더 버는 것은 좋기는 한데 지금도 학교 갔다가 일까지 하고 나면 너무 피곤해서, 더 늦게까지 일하는 건 좀 고민돼요. 이런 고민을 담임 선생님에게 얘기했더니 담임 선생님이 공부에 지장이 가는 것도 문제지만, 청소년은 야간에 일하면 불법이라 안 된다고 하더라고요. 그런가요?

만 18세 미만의 청소년은 법정 최대 노동시간이 만 18세 이상에 비해 좀 더 적고, 야간·휴일 노동도 법으로 금지되어 있습니다. 그래서 청소년은 밤 10시부터 아침 6시 사이에는 일할 수 없습니다. 청소년 노동자의 동의가 있고 고용노동부 장관의 인가를 받은 경우에는 가능하지만, 야간 노동이 불가피하다고 보여야만 인가를 해 주기 때문에 인가를 받기는 어려울 듯합니다.

사회적으로 노동 조건의 기준을 정하고 규율하지 않으면 노동자가 먹고살기 위해 너무나 나쁜 조건에서 일하게 되거나 건강을 해치게 되는 등 문제가 생기게 된다. 그래서 노동자의 기본적 생활과 인권을 보장하기 위해 「근로기준법」과 같은 법을 만들어 노동 조건의 최저한도를 법으로 정하고 있다. 그리고 청소년은 사회적으로 더욱 약자이기도 하고 건강을 더 보호받을 필요가 있기 때문에, 「근로기준법」은 만 15세 미만은 원칙적으로 임금 노동을 할 수 없게 하고 있고, 만 18세 미만의 청소년 노동자에 대해서는 비청소년보다 조금 더 강화된 기준을 두고 있다.

대표적인 것이 노동시간에 대한 규제이다. 「근로기준법」은 1주 40시간, 1일 8시간으로 최대 노동시간을 제한한다. 노동자와 사장이 더 일하기로 합의하더라도 최대 1주 12시간까지만 연장할 수 있다(제50조). 청소년 노동자에게 적용되는 최대 노동시간은 이보다 더 짧다. "15세 이상 18세 미만인 사람의 근로시간은 1일에 7시간, 1주에 35시간을 초과하지 못한다. 다만, 당사자 사이의 합의에 따라 1일에 1시간, 1주에 5시간을 한도로 연장할 수 있다(제69조)"라고 되어 있다.

또, 청소년이 밤늦게까지 일하다가 건강을 해치지 않도록 하기 위해, 사장은 오후 10시에서 오전 6시 사이의 야간에는 청소년 노동자에게 일을 시키지 못하게 되어 있다. 공휴일 등 휴일에도 일을 시킬 수 없다. 청소년 노동자가 동의하고 고용노동부 장관의 인가를 받은 경우에는 야간·휴일에도 일을 할 수 있긴 하다. 그러나 고용노동부에서는 업종의 특성이나 교대제 실시와 같은 사유로 야간 또는 휴일 노동이 불가피한 경우, 생계 곤란 등으로 청소년 노동자가 심야에도 일을 해야만 하는 사정이 있으며 업무 강도가 감당할 만하다고 판단될 때에만 인가를 해 주기에 야간·휴일 노동을 허가받기는 쉽지 않다.

어떤 노동자에게는 돈을 더 벌기 위해 더 일하고 싶은데도 노동시간의 상한선을 법으로 제한해 놓은 것이 불만스러울 수도 있다. 특히 학교에서 오랜 시간을 보내는 한국의 청소년들은 야간에 일할 수 없는 것이 더욱 큰 제한으로 다가올 수 있다. 하지만 「근로기준법」이 노동시간을 제한한 것은 노동자 전반의 인간다운 삶을 보장하고 너무 가혹한 노동에 내몰리지 않게 하는 안전장치이다. 물론 청소년의 일할 권리, 경제적 권리를 제대로 실현하기 위해선, 다른 보완책이 있어야 할 것이다. 학습 시간을 줄이고 자유 시간을 늘리거나, 어린이·청소년이 애초에 오래, 밤늦게까지 일할 필요가 없도록 복지 정책을 통해 지원하고, 일의 대가를 충분히 받을 수 있게 한다면 청소년들이 건강을 해치면서까지 일하는 경우는 크게 줄어들 것이다.

임금을 청소년이라고 해서
적게 줘도 되는 건가?

인터넷에서 알바를 찾아보는데, 시간도 딱 맞고 위치도 집이랑 가까운 주유소가 있어서 면접을 보러 갔어요. 임금을 얼마 주는지는 안 쓰여 있길래 면접을 보면서 시급이 얼마냐고 물어봤더니 주 12시간 일하는데, 월급을 30만 원 준다더라고요? 너무 적은 것 아닌가요? 사장님은 뭐 저는 청소년이라서 최저임금보다 적게 줘도 된다고, 그리고 원래 일을 시작하고 얼마간은 수습 기간이라 더 적게 주는 거라고 말씀하시는데……. 진짜인가요?

임금은 법이 정한 최저임금 이상을 줘야만 합니다. 최저임금은 매년 결정되니까 찾아보는 게 좋아요. 청소년이라고 해서 최저임금보다 적게 줘도 된다는 법은 없습니다. 일이 어려워서 배우고 익혀야 하면 수습 기간을 둘 수 있고, 그 기간에는 최저임금의 90%만 줘도 됩니다. 주유소에서 일하는 것 등 단순한 작업을 하는 직종은 수습 기간을 둘 수 없게 돼 있습니다. 최저임금보다 임금을 적게 받은 경우에는 나중에 사장에게 달라고 청구할 수 있습니다.

노동자의 기본적인 생활 수준을 보장하기 위해서 법에서는 최저임금을 정하여 지키도록 하고 있다. 최저임금은 매년 정부의 최저임금위원회에서 결정된다. 2021년 최저임금은 1시간 8,720원, 주 40시간 일하는 경우 월급으토는 1,822,480원이다.

노동의 대가로 주는 임금은 반드시 최저임금 이상이어야 한다. 혹시라도 노동자가 일을 하다가 잘못을 한 경우에도 임금을 마음대로 깎아서는 안 된다. 일단 임금은 임금대로 전액 지급하고, 손해 액수를 입증하여 따로 청구해야 한다. 또한 「근로기준법」은 주 15시간 이상 일한 노동자에게는 '1주 1회 이상의 유급휴일'을 보장하도록 되어 있다. 유급휴일이란 일을 하지 않고 쉬면서도 임금은 받는 날을 말한다. 따라서 주 15시간 이상 일하는 노동자는 실제 노동시간만큼의 임금에 더하여 1주 1일씩의 휴일임금을 더 받아야 하는데, 이를 '주휴수당'이라고 부른다. 이러한 유급휴일 제도는 노동자의 휴식을 보장하기 위한 것으로, 사장의 재량이 아니라 법적으로 지켜야 하는 의무이며, 주휴수당도 반드시 줘야 하는 임금의 일부이다.

최저임금은 청소년이라고 해도 예외 없이 적용받는다. 간혹 청소년이니까 최저임금보다 적게 주겠다는 사업장도 있는데, 청소년이란 이유로 같은 일을 하는데도 임금을 적게 주는 것 자체가 차별 행위이고, 최저임금보다 적게 준다면 명백한 불법이다. 만일 최저임금보다 적게 받으며 일했다면, 나중에라도 최저임금에서 모자란 만큼을 마저 달라고 청구할 수 있다. 주휴수당을 못 받았을 때도 마찬가지다. 그러니 일하는 동안 몇 시간 동안 무슨 일을 했는지 잘 기록해 두는 것이 좋다. 퇴직 이후에라도 고용노동부, 노동지청 등에 구제를 요청할 수 있기 때문이다.

또한 「근로기준법」은 "미성년자는 독자적으로 임금을 청구할 수 있다"라고 정하여 임금을 못 받았을 때 따로 부모·보호자의 동의 없이도 임금을 달라고 법적 절차를 밟을 수 있게 했다(제68조). 따라서 다른 법률행위와 달리 청소년 노동자가 임금을 달라고 할 때는 부모·보호자 등 법정대리인의 동의가 필요 없다.[37]

「최저임금법」과 「최저임금법 시행령」에는 '1년 이상의 기간을 정하여 근로 계약을 체결한 노동자'는 최대 3개월의 수습 기간에는 최저임금의 90%만 지급할 수 있다고 되어 있다. 이는 업무가 복잡하고 어려워서 숙련되는데 기간이 오래 걸리는 일이라면, 그리고 장기간 일하기로 약속했다면 배우고 익히는 기간에는 임금을 적게 줄 수도 있다는 것이다. 이 조항을 악용하여 아르바이트를 뽑으면서 3개월간 최저임금보다 적은 임금을 주는 사장들이 있다. 그러나 이 법 조항은 오랫동안 배우고 익혀야 하는 어려운 업무에 한하여, 1년 이상 오래 일하기로 약속한 상황에서, 일하기 전에 수습 기간을 명확하게 정했을 때에만 적용할 수 있는 것이다. 또한 교육·수습 기간이라고 해도 이는 일을 하기 위해 필요한 기간이기에, 최저임금 이상을 주는 것이 원칙이라 해야 할 것이다. 이 때문에 정부는 배달원, 주유소의 주유원, 판매 관련 단순 종사자 등 단순 노무 직종에서는 수습 기간을 두지 못하게 금지하고 있다. 하지만 현재 편의점 등 많은 경우에 수습 기간을 두는 것이 가능하게 되어 있어 여전히 악용되는 일도 많다.

월급 주는 날을
사장 마음대로
미뤄도 되나?

편의점에서 6개월간 알바를 하다가 그만둔 지 2달 정도가 됐어요.
마지막 달에 보름가량 일한 월급 30만 원 정도를 받아야 하는데, 아직도
사장님이 안 주고 있네요. 일할 때에도 장사가 잘 안 된다면서 3~4일씩
늦게 주곤 하더니……. 알바를 할 때는 거의 매일 얼굴을 보니까 월급이
늦어지면 한 번씩 말이라도 해 볼 수 있었거든요? 그럴 때면 어린 게 돈
밝힌다고 잔소리를 듣긴 했지만 그래도 늦게라도 월급을 줬단 말이죠.
그만둔 지금은 돈 달라고 찾아가기도 부담스럽고, 사장님에게 문자
메시지를 보내도 답장도 없고, 참 난감해요.

임금은 월 1회 이상 지급해야 합니다. 주기로 한 날을 어기고 늦게 주거나
주지 않는 임금 체불 행위는 법적으로 처벌할 수 있으니, 고용노동부 등에
신고하는 것이 좋습니다. 또한 임금 체불을 한 사장이 돈을 계속 주지
않는다면 정부에서 먼저 지급해 주는 제도도 있으니 도움을 알아볼 수
있습니다.

사장이 임금을 늦게 주거나 주지 않는 것을 '임금 체불'이라고
한다. 많은 사람들이 일을 해서 그 대가로 임금을 받고 생활을 유
지한다. 그런데 임금을 정해진 날에 주지 않고 늦게 준다면 많은
노동자들의 생활이 곤란해질 것이다.

이를 막기 위해서 「근로기준법」 제43조 제2항은 "임금은 매
월 1회 이상 지급하여야 한다"라고 정하고 있다. 근로 계약에 따
라 임금을 하루마다 줄 수도 있고, 일주일마다 줄 수도 있고, 한
달마다 줄 수도 있지만, 그보다 더 긴 기간 간격으로 주거나 늦게
주어서는 안 된다는 것이다. 임금을 주기로 약속한 날보다 더 늦
게 줘서도 안 된다. 또한 이렇게 정기적으로 받는 임금 외에도 연
장근무수당, 주기로 약속한 상여금 등을 약속한 날에 주지 않는
것도 임금 체불이다. 1달에 1회 이상, 주기로 한 날에 맞춰서, 줘
야 할 돈을 모두 줘야 한다.

경영이 어려워서, 사정이 생겨서 임금을 주는 것을 미루는 일
이 드물지는 않다. 하지만 사장 마음대로 그래서는 안 되며, 노동
자와 합의한 경우에만 가능하다. 사장은 일을 한 사람에게 그에
맞는, 약속한 돈을 줘야 할 의무가 있다. 돈을 주지 못하는 것은
사장의 잘못이고, 돈을 조금 늦게 받는 것을 양해해 주는 것은 노
동자의 선의일 뿐이다. 노동자는 자기가 마땅히 받아야 할 돈을
받는 일에 눈치를 볼 필요는 없다.

마음대로 임금을 주는 걸 미루거나 줘야 할 돈을 안 준 사장,

즉 임금 체불을 하는 사장은 3년 이하의 징역형 또는 3천만 원 이하의 벌금형으로 처벌받을 수 있다. 또한 고용노동부에서는, 3년 내에 임금 체불로 2회 이상 유죄가 확정되었고 임금 체불 총액이 3천만 원 이상인 사장들의 명단을 공개할 수 있다.

한국은 임금 체불이 많이 일어나는 편이다. 고용노동부의 발표에 따르면 2019년 임금 체불 총액은 1조 7217억 원이며, 임금을 받지 못한 노동자는 전체 34만 5,000여 명에 이른다. 임금 체불을 하더라도 정부에서 실제로 처벌을 하기보다는 시정하도록 지도하고 노동자와 합의하게 하여 마무리하는 경우가 많아서, 임금 체불에 대한 경각심이 너무 부족하다는 지적도 많다.

청소년이라고 해서 자기가 일한 것에 대한 돈을 달라고 하는 것을 부끄러워하거나 부담스러워할 이유는 없다. 임금이 체불될 경우, 고용노동부나 노동청에 신고해서 도움을 받을 수 있다. 또한 법원에서 임금 체불이란 판결이 나왔는데도 사장이 계속 돈을 주지 않는다면 최대 400만 원까지 정부에서 먼저 지급하고 정부가 사장에게서 대신 받아 내는 제도도 있는데, 이를 '체당금 제도'라고 한다. 가게나 회사가 망한 경우에도 체당금을 받을 수 있다.

쉬는 시간에도
손님이 오면
일을 해야 하나?

주말에 오전 12시부터 오후 7시까지, 식당에서 서빙하는 알바를 하고 있어요. 일 시작할 때 2시 30분부터 3시 30분까지가 직원들 식사 시간이고 그때 쉬기도 하면 된다고 했거든요? 임금은 그 시간 빼고 하루 6시간어치를 계산해 줬고요. 그런데 그 시간대에도 손님이 오면 밥을 먹고 있건 쉬고 있건 주문을 받고 서빙을 해야 돼요. 손님이 너무 안 온다 싶으면, 사장 마음대로 30분쯤 쉬다 오라고 내보내곤 그만큼 임금을 적게 주는 날도 있어요. 손님이 왔다고 전화가 오면 돌아가야 되고요. 마음 편히 쉬지도 못하는 것 같은데 임금은 깎이고……. 일하다가 쉬는 시간 같은 건 법에 어떻게 정해져 있는 건가요?

휴게시간은 4시간 일하면 30분 이상, 8시간 일하면 1시간 이상 일하는 중간에 주어야 합니다. 휴게시간은 완전히 일을 하지 않고 자유롭게 쓸 수 있는 시간이어야 해요. 만일 쉬는 도중에 손님이 오면 응대해야 하거나 부르면 돌아가야 한다면 이는 법에서 보장하는 휴게시간이라고 볼 수 없습니다.

너무 오랫동안 일을 시키는 것을 막기 위해 최대 노동시간이 정해져 있듯이, 「근로기준법」은 쉬는 시간도 최소한 어느 정도는 보장해야 한다고 정해 놓았다. 제54조에서 "근로시간이 4시간인 경우에는 30분 이상, 8시간인 경우에는 1시간 이상의 휴게시간을 근로시간 도중에 주어야 한다"라고 분명히 한 것이다. 그렇기 때문에 근로 계약을 할 때부터 휴게시간을 언제 얼마만큼 주는지도 「근로기준법」을 어기지 않도록 정해야만 한다.

휴게시간은 노동자가 사장의 감독이나 지시 없이 자유롭게 이용할 수 있는 시간이어야 한다. 휴게시간이라고 정했는데 실제로는 손님이 오면 응대하고 일해야 한다면 이는 제대로 된 휴게시간이 아니다. 사실상 휴게시간을 안 준 것이나 다름없는 것이다. 휴게시간을 주지 않는 사장은 「근로기준법」에 따르면 2년 이하의 징역형 또는 2천만 원 이하의 벌금형의 처벌을 받을 수 있다. 미리 정한 근로시간과 휴게시간을 사장이 마음대로 바꾸는 것도 해선 안 된다. 오늘 손님이 없다며 일하지 말고 쉬라고 일방적으로 지시했으면서 그걸 이유로 임금을 적게 주어도 안 된다.

휴게시간을 명목 삼아 노동시간을 줄이는 수법을 속칭 '꺾기'라고 부른다. 아예 처음에 근로 계약을 할 때부터 중간에 휴게시간을 길게 두는 경우도 있다. 주로 청소년 등 파트타임으로 시급을 받으며 일하는 서비스직 노동자들이 겪고 있는 관행이다.

문제는 그런 수법이 임금을 적게 주기 위해 이용되고 있고, 또 그렇게 넣어 놓은 쉬는 시간이 실저론 노동자가 마음대로 쉴 수 있는 시간이 아닌 경우가 많다는 것이다. 일터 근처에만 있어야 하고 사장이 부르면 돌아와야 한다면 제대로 된 휴게시간이라고 볼 수 없다.

그래서 국가인권위원회는 일터를 벗어나 있더라도 부르면 복귀해서 일할 수 있도록 준비하고 있어야만 하는 시간은, '호출 대기 시간'과 같은 개념으로 규정하고 고용주가 돈을 줘야만 하도록 법을 개선하라고 권고하기도 했다.[38]

갑자기 내일부터
나오지 말라고
할 수도 있나?

 패스트푸드점에서 일을 넉 달쯤 했습니다. 진상 손님이랑 좀 다툼이

생겨서 언성을 높였더니, 점장님이 저 보고 이 일이 잘 안 맞는 거 같다며

내일부터 나오지 말래요. 당장 돈 들어갈 곳도 많은데 새 아르바이트를

구하려니 좀 막막하네요. 이렇게 마음대로 자를 수 있는 건가요?

 원칙적으로는 정당한 이유 없이 노동자를 해고할 수 없습니다. 하지만

5인 미만의 작은 사업장에는 이 법이 적용 안 되는 문제점이 있어요.

그렇더라도 해고를 하려면 30일 전에 미리 알려 줘야 하고, 그러지

않았을 때는 1개월치 이상의 임금을 지급해야만 합니다.

일을 해서 돈을 버는 것은 많은 노동자들에게는 생계를 위해서 꼭 필요한 일이다. 그런데 사장이 자기 마음대로 노동자를 해고할 수 있다면, 노동자의 생활이나 노동이 지나치게 불안정해질 것이다. 그래서 「근로기준법」은 해고에 대해 여러 가지 제한을 두고 있다.

먼저 「근로기준법」 제23조는 사장이 정당한 이유 없이 노동자를 해고, 휴직, 정직, 전직, 감봉, 그 밖의 징벌을 할 수 없다고 제한한다. 즉, 노동자가 범죄를 저질렀다거나 내부 규정을 어기는 등의 큰 잘못을 한 것 같은 정당한 이유가 없다면 노동자를 해고해서는 안 된다는 이야기다. 제24조는 경영이 어려워져서 해고를 하는 경우(구조조정 등)에도 일정한 제한과 절차를 두도록 하고 있다. 해고를 피하기 위한 노력을 다해야 하고, 노동조합이나 노동자 대표와 협의하여야 하며, 일정한 규모 이상을 해고하려면 정부에 미리 신고해야 하는 등의 절차이다.

그런데 이 해고 제한 법 조항은 '5인 이상 사업장'에만 적용된다. 상시적으로 일하는 사람이 5명 이상인 일정 이상 규모의 기업에만 적용되는 것이다. 그래서 작은 가게 등에서는 사장이 마음대로 노동자를 해고할 수 있다.

하지만 5인 미만의 작은 사업장에서도 노동자를 해고할 때 지켜야 할 것이 있다. 「근로기준법」 제26조는, 3개월 이상 일한 노동자를 해고할 때는 적어도 30일 전에 미리 알려 줘야 하고,

그러지 않았을 때는 30일분 이상의 임금을 '해고 예고 수당'으로 줘야 한다고 규정하고 있다. 노동자가 일자리를 잃으면 당장의 생활이 막막해질 것이기 때문에 미리 대비하고 다른 일자리를 알아볼 수 있는 최소한의 시간이 필요하다. 따라서 법에서는 해고를 할 거라면 30일 전에 미리 알려 줘야 하지, 바로 다음 날이나 다음 주부터 일을 그만두라고 해서는 안 된다고 정해 놓았다. 만일 바로 해고할 거라면, 1개월 월급이라도 줘서 노동자가 당장의 생활이 가능하게 해야 한다는 취지의 제도이다.

만일 부당 해고를 당했다면 노동위원회에 구제를 신청할 수 있고, 사장에게 해고 예고 수당을 지급하라고 청구할 수도 있다. 해고를 제한하는 등 여러 가지 법이 있지만, 현실에서는 기업의 필요에 따라 노동자를 쉽게 해고하는 일이 벌어지곤 하고 이에 대한 처벌도 잘 이루어지지 않는 문제가 있다. 5인 미만 사업장에는 「근로기준법」이 적용되지 않는 예외 조항이 많은 것도 개선해야 할 문제이다.

일자리를 구하는데,
나이로 차별해도
되는 건가?

? 고등학교를 자퇴하고 아르바이트를 찾는데, 구직 사이트에서
그나마 좀 정상적으로 보이는 일자리들은 전부 다 대졸 이상 학력을
요구하더라고요. 어쩌다가 고졸 이상 하나씩 있고요. "학력 무관"이라고
되어 있는 카페를 하나 찾아서 면접을 보러 갔더니, 사장이 청소년이면
책임감도 없을 거라느니, 고등학교도 못 나왔으니 상식도 부족할
거라느니 기분 나쁘게 말하고는 바로 떨어뜨렸어요. 나이가 좀 어리다고
이렇게 차별해도 되는 거예요?

! 노동자를 모집·채용할 때는 합리적인 이유 없이 성별, 연령, 학력,
출신학교, 혼인·임신, 병력 등에 따른 차별을 해서는 안 됩니다. 하지만
현재는 이러한 차별 행위를 해도 처벌하거나 시정할 수 있는 법이
많지 않습니다. 대신 국가인권위원회에 진정하는 등의 조치를 할 수는
있습니다.

일자리를 구할 때 또는 일을 하면서 임금이나 처우 면에서 여러 가지 차별에 맞닥뜨릴 수 있다. 청소년 노동자들은 나이나 학력을 이유로 채용되지 않거나 임금을 적게 받게 되는 일이 많다.

「고용정책기본법」 제7조는 "사업주는 근로자를 모집·채용할 때에 합리적인 이유 없이 성별, 신앙, 연령, 신체조건, 사회적 신분, 출신지역, 학력, 출신학교, 혼인·임신 또는 병력病歷 등을 이유로 차별을 하여서는 아니 되며, 균등한 취업기회를 보장하여야 한다"라고 명시하고 있다. 「근로기준법」 제6조는 "사용자는 근로자에 대하여 남녀의 성(性)을 이유로 차별적 대우를 하지 못하고, 국적·신앙 또는 사회적 신분을 이유로 근로조건에 대한 차별적 처우를 하지 못한다"라고 하고 있다. 「헌법」과 「세계인권선언」, 「유엔아동권리협약」 등도 모두 차별받지 않을 권리, 평등권을 보장하고 있다.

그럼에도 나이가 어리다거나 학력이 낮다는 것 등을 이유로 한 차별 행위는 법적으로 처벌할 수 없다. 고용에서 차별을 금지하고 차별 행위를 처벌하는 법들이 없는 것은 아니다. 예를 들면 「남녀고용평등과 일·가정 양립 지원에 관한 법률」(「남녀고용평등법」)에서는 성별에 따른 차별 사건을 지역 노동위원회가 구제하도록 되어 있고, 「장애인차별금지 및 권리구제 등에 관한 법률」도 있다. 그러나 그 외의 다양한 사유에 의한 차별들을 제재하거나 처벌하는 법은 아직 마련되어 있지 않다.

「고용상 연령차별금지 및 고령자고용촉진에 관한 법률」(「고령자고용법」)에 '사업주는 합리적 이유 없이 모집·채용, 임금·복리후생, 퇴직·해고 등에서 연령을 이유로 노동자 또는 노동자가 되려는 사람을 차별하여서는 아니 된다'라는 내용이 있기는 하다. 그러나 이 법은 약칭이 「고령자고용법」으로 그 취지가 나이가 많다는 이유로 차별받는 것을 금지하려는 것이라서, 청소년 노동자가 나이가 어려서 차별받는 문제에는 적용을 기대하기 어렵다. 그나마 국가인권위원회에 차별 행위로 진정을 해 보는 것 정도가 가능하다. 국가인권위원회가 차별 행위를 개선하도록 권고를 내릴 수 있으나, 이에 강제성은 없다.

이처럼 차별 행위가 일어나도 이를 처벌하고 조치할 수 있는 법이 미비하기 때문에, 한국의 국가인권위원회를 비롯하여 국제 인권기구들, 인권단체들은 다양한 사유에 의한 차별을 금지하고 시정하기 위해서 '포괄적 차별금지법'을 만들라고 오래전부터 요구하고 있다. 포괄적 차별금지법은 고용 및 노동, 교육 기관, 행정 서비스 제공, 상업 시설에서 상품이나 서비스 제공의 영역에서 다양한 사유에 의한 차별 행위를 금지하고, 차별이 일어났을 때 제재하고 시정할 수 있도록 하는 법률을 말한다. 보통 차별금지법에서는 고용에서 특정한 직무나 사업을 수행하는 데 꼭 필요한 요건에 의해서 개인·집단을 구별하는 경우는 차별로 보지 않는다. 그러나 그 외에 특정한 사유로 구별, 배제, 불리하게 대우하는 것은 차별로 본다. 가령 카페에서 하는 직무의 특성상 꼭 나이가 20세 이상이어야 한다거나 대졸 학력이 필요할 리는 없으므로, 사장이 나이나 학력에 대한 편견을 가지고 청소년 노동자를 뽑지 않는 것은 차별금지법이 제정된다면 명백하게 차별행위로 시정받게 될 것이다. 이와 같이 고용에서 차별을 금지한다는 법률은 있으나 단지 선언적 원칙에만 머물러 있는 것은 앞으로 차별금지법 제정 등으로 보완해야 할 과제이다.

아르바이트를 하다가 다쳤는데, 보상받을 수 있을까?

배달 아르바이트를 하다가 사고가 나서 다쳤습니다. 다행히 큰 부상은 아니었는데, 두 달 정도는 일을 못 하게 됐어요. 배달 음식점의 사장님은 자기는 배달 대행 서비스를 이용했을 뿐이라며 손사래를 치고, 업체에서는 배달 업무로 다친 건 보상해 줄 수 없다고 합니다. 일을 하다가 다치면 보상을 받을 수 있다던데 저 같은 배달 알바는 보상받을 수 없는 건가요? 어디에, 어떻게 신청을 해야 하는 건가요?

배달 대행 서비스를 통해 배달 업무를 하다가 다쳤더라도 업무상 재해로 인정되어 산업재해보상을 받을 수 있습니다. 단, 이때 사업장은 음식점이 아닌 배달 대행 업체로 봅니다. 배달 중 발생한 산업재해에 대한 보험금을 신청하는 경우 근로복지공단에 방문, 우편, 전화 등으로 신청하거나 근로복지공단에서 운영하는 '고용·산재보험 토탈서비스'를 통해 인터넷 신청을 할 수 있습니다.

산업재해와 업무상 재해(산재)는 업무 중, 업무와 유관한 일을 하다 다치거나 죽음에 이르게 될 경우를 이르는 말이다. 일을 하는 중 재해를 입었다는 뜻이다. 산업재해는 보통 특별한 직업군에서만 사용하는 용어인 반면 업무상 재해는 모든 근로 형태에 적용된다. 출근 중에 일어난 재해, 출장 중 일어난 재해, 직장 내 괴롭힘으로 발생한 정신질환이나 이로 인한 자살도 산업재해로 인정받을 수 있다. (「산재보험법」)에 따라 노동자는 치료비뿐 아니라 다쳐서 일을 못하는 동안의 생계를 보장하는 휴업급여 등을 받을 수 있다.

그런데 배달, 특히 배달 대행으로 고용된 경우에는 문제가 생긴다. 건 단위의 초단시간 계약인 데다가, 형식상으로 '근로' 계약이 아니기 때문이다. 하지만 그렇다고 해서 이런 배달 대행이 노동이 아닌 것도 아니고, 배달을 하다가 다친 노동자들이 보호받지 못한다면 부당한 일일 것이다. 따라서 계약의 형태와는 관계없이 노동자와 유사하게 노무를 제공하는 노동자들을 '특수형태근로종사자'라고 해 산재로부터 보호하는 제도를 만들어 놓았다.

법원 판례는 배달 대행 애플리케이션(앱) 등의 서비스를 사용하여 배달 업무를 하는 사람들을 '특수형태근로종사자'(특수고용 노동자)로 규정하고 있다. 배달 대행 앱 업체를 산재를 보상하고 이에 대한 보험을 들어야 할 책임이 있는 '사업장'으로 보는 것이다.[39]

하지만 특수고용 노동자의 경우 당장의 보험비 문제로 산업재해보상보험을 들지 않는 경우가 많다. 산업재해보상보험에 가입하고 보험을 신청하지 않으면 「산재보험법」에 따른 보상을 받을 수 없다. 또, 이런 경우에는 지난한 노동 구제 절차를 거치더라도 완전히 구제를 못 받을 수도 있으니 각별히 주의해야 한다. 청소년 배달 노동의 경우 산재보험 가입을 의무화하는 방안이 2019년 정부에 의해 추진되었지만 아직 법이 바뀌지는 않았다. 청소년 배달 노동자들은 여전히 산재 신청에 위험 부담이 많을 수밖에 없다.

또 많은 특수고용 노동자들은 휴업급여를 포기하고 무리해서 일을 한다. 일을 하려면 필요한 차량과 각종 도구, 자재를 직접 구입하거나 유상 대여해야 하고, 일을 하지 못해도 그로 인한 대여료와 대출금, 이자 등을 계속 갚아 나가야 하는데 휴업급여 기준액이 터무니없이 적기 때문이다. 특수고용 노동자들의 경우 휴업 급여의 기준이 되는 평균 임금을 고용노동부가 직종별로 고시한다. 배달 대행이 속하는 직종을 비롯한 많은 직종의 평균 임금이 최저임금에 미달하는 금액으로 고시되어 있는데, 이러한 경우 1일당 최저임금으로 8시간분을 보상받을 수 있다.(2021년 기준)

플랫폼 산업이 확대되면서 늘어나고 있는 특수고용 노동자들이 법의 사각지대로 밀려나지 않도록 「산재보험법」을 개정함으로써 보완해야 할 문제이다. 또한 임금과는 달리 산재 보상금은 청소년들이 소송을 하거나 보상을 청구하기가 한층 더 어렵기 때문에 청소년 노동자들을 포함하여 불안정한 노동자, 더 취약한 상황에 있는 노동자들에게 산재 신청의 문턱을 낮추고 폭넓게 보장할 필요가 있다.

배달 대행 업체 등 플랫폼에서 업무를 받아 일하는 노동자의 경우, 명확한 근로 계약을 맺지 않고 건별로 일을 하면서 소속이 불분명해지는 경우가 많다. 대법원에서는 배달 노동자가 사고를 당한 사건에 대해서, 원심에서 배달 노동자가 '음식배달원'에 해당하여 특수형태근로종사자(특수고용 노동자)에 해당하지 않는다고 단정한 것이 잘못이며, 배달 노동자는 배달 대행 업체에 소속되어 있다고 판결한 바 있다.

"배달대행업체 소속 배달원으로 자신의 스마트폰에 배달대행프로그램(애플리케이션)을 설치하고 오토바이를 운전하여 배달 업무를 수행하다가 보행자와 충돌하는 사고를 당하여 폐쇄성 흉추 골절 등을 입은 갑이 (……) 특수형태근로종사자에 해당하는지가 문제된 사안에서, 갑이 소속된 사업장은 음식점이 아닌 배달대행업체이고, 갑이 수행한 업무는 가맹점이 배달대행프로그램을 통하여 요청한 배달요청 내역을 확인하고 요청한 가맹점으로 가서 음식물 등을 받아다가 가맹점이 지정한 수령자에게 배달하는 것이며, 이는 한국표준직업분류표의 세분류에서 '9223 음식배달원'의 업무보다는 '9222 택배원'의 업무에 더 잘 부합하므로, 갑은 구 산업재해보상보험법 시행령 제125조 제6호에서 정한 '한국표준직업분류표의 세분류에 따른 택배원'으로 보는 것이 타당하다는 이유로 (……) 갑이 수행한 업무를 위 '9223 음식배달원'의 업무라고 단정한 나머지 갑이 특수형태근로종사자에 해당하지 않는다고 본 원심 판단에 법리를 오해한 잘못이 있다."[40]

단, 현행 〈산재보험법〉 제125조 제1항에 따르면 특수고용 노동자들은 주로 하나의 업체로부터 주로 임금을 받아 왔다는 '전속성' 기준을 충족해야만 보상을 받을 수 있다. 이 기준은 대리운전 기사, 방문 돌봄 서비스 종사자, 화물 자동차 운전기사 등 다양한 특수고용 노동자들의 현실에 맞지 않는 악법이라는 지적을 받는다.

직장에서
성희롱을 당했는데
어떻게 해야 하나?

? 웨딩홀 연회장 알바를 하고 있는데, 상사에게 성희롱을 당했어요. 이 일을 다른 직원에게 말했더니 처음에는 공감해 주는 듯하다가 나중에는 외면하더라고요. 어느 순간부터 완전히 고립된 것만 같은 기분이 듭니다. 당시에는 너무 당황스러워서 별다른 조치를 취하지 못했는데 지금이라도 어떻게 할 수 있을까요? 이걸 해결해 보려다 직장에서 쫓겨나지는 않을까요? 만약 직장에서 제대로 된 조치가 취해지지 않는다면 다른 방법으로 구제를 받을 수 있을까요?

! 직장 내에서 성희롱을 비롯해 성폭력이 발생한 경우, 또 그로 인한 직장 내 괴롭힘이 일어난 경우 고용자는 사규와 취업 규칙에 따른 고충처리기구나 고충 담당자를 통해 사실관계를 확인하고 적절한 징계 조치를 취해야 합니다. 이 과정에서 사측은 성폭력 사건에 관해 어떤 경우에도 피해자에 대한 부당한 인사 조치나 해고 등의 불이익 조치는 할 수 없습니다. 만약 직장 내 규칙으로 해결되지 않을 경우 피해자는 가해자에 대하여 형사 고소 및 민사 소송을 진행할 수 있고, 국가인권위원회, 고용노동부 등에 진정을 신청할 수 있습니다.

「남녀고용평등법」은 '직장 내 성희롱'을 사업주·상급자 또는 근로자가 직장 내의 지위를 이용하거나 업무와 관련하여 다른 근로자에게 성적 언동 등으로 성적 굴욕감 또는 혐오감을 느끼게 하거나 성적 언동 또는 그 밖의 요구 등에 따르지 아니하였다는 이유로 근로 조건 및 고용에서 불이익을 주는 것이라고 정의한다(제2조 제2항). 직장 내에서, 혹은 직장이나 업무와 관련된 사람 중 사업장에서 같이 일하는 사람 사이에서 발생한 모든 성폭력을 이야기하는 광범위한 개념이라는 뜻이다.

「근로기준법」 제76조의2와 제76조의3은 직장 내 괴롭힘을 금지하고, 사장의 책임을 규정하고 있다. 법에서 정한 직장 내 괴롭힘이란, 우발적이고 일회적인 행위가 아니라 꾸준히 동료, 관리자에 의해 괴롭힘 행위가 일어나는 경우를 말한다. 사장에게는 이러한 괴롭힘 행위를 막고, 발생할 경우에는 최선을 다해 조치를 취해야만 하는 책임이 있다. 직장의 다른 노동자들에게도 이런 상황을 방조하지 않을 책임이 있다. 직장 내 성희롱과는 구별되는 개념이지만, 성희롱 외에도 더 폭넓게 괴롭힘을 방지하는 규정이라고 생각하면 이해가 쉽다.

사장은 직장 내 성희롱, 직장 내 괴롭힘이 발생했을 때 사규 혹은 취업 규칙에 따른 중재위원회나 중재인을 통하여 조사하고, 그 결과에 따라 적절한 조치를 취해야 한다. 사장은 조사 기간 동안 피해 노동자를 보호하기 위해 노동자에게 근무 장소의 변경, 유급 휴가 명령 등의 조치를 취해야 하지만 피해 노동자의 의사에 반하는 조치를 하여서는 안 되며, 불이익을 주는 것은 금지되어 있다.*

하지만 사장이 가해자인 사건이거나, 대다수의 직원들이 괴롭힘에 가담했을 경우에는 사내 조정이 불가능할 수도 있다. 이런 때에는 국가인권위원회, 지방노동위원회, 고용노동부에 진정을 하거나 개별적으로 가해자들에 대해 형사 처벌을 위한 고소, 민사상 손해배상을 청구할 수 있다. 사장은 직접적 가해자가 아니더라도 이런 일을 미리 방지할 의무가 있으므로 민사상의 채무불이행 책임을 동시에 물을 스 있음은 물론이다. [41]

그러나 현실에서 '정말로' 그럴 수 있는지는 별개의 문제다. 특히 사장에게 성폭력을 당하거나, 피해자가 청소년일 경우에는 해고를 당하기가 한층 더 쉽기 때문에 당장의 생계가 걸려 신고나 법적 대응을 망설이는 경우도 적지 않다. 청소년은 법정대리인 없이는 법적인 대응은 거의 손도 대지 못하는 것이 현실이다. 진정을 내는 일은 혼자서도 가능하지만, 진정에 따른 권고 조치는 강제력이 없다는 한계가 있다.

법에 의한 구제 절차는 기본적으로 '사후 조치'이다. 법률에

---

* 「남녀고용평등법」 제14조, 「근로기준법」 제76조의3

서 '해서는 안 된다'라고 하더라도 법을 어기거나 범죄를 저지르는 일은 발생한다. 직장 내 성희롱도, 직장 내 괴롭힘도 법에서는 "해서는 안 된다"라고 명백하게 금지하고 있지만 사라지지 않고 있다. 이런 직장 내의 폭력을 예방하기 위해서는 법도 중요하지만, 사람들의 인식이 바뀌고 사장이나 직원들이 직장에서 폭력이 발생하지 않을 환경을 조성하는 것이 중요하다. 이러한 예방이야말로 그 어떤 법적 구제 절차보다도 중요하다.

직장에서의 괴롭힘과 성폭력은 여러 국가에서 법을 만들어 금지하고 있다. 그런 일이 만연하다는 이야기임과 동시에 괴롭힘이 없는 직장이야말로 사람들이 보편적으로 원하는 노동 환경이라는 의미일 것이다. 직장에서 발생하는 모든 폭력은 피해자의 탓이 아니다. 발생하지 않도록 감시해야 할 책임이 있는 사장과 동료 직원들이 노력해야 할 문제이다.

청소년도 노동조합을 할 수 있나?

저는 종종 단기 아르바이트를 하는데요. 학교에서 노동조합에 대해 배우면서 나도 노동조합에 가입할 수 있는지 궁금해졌어요. 부모님에게 물어보니까 노동조합은 좀 큰 기업 같은 데 취직한 사람들이나 하는 거라고, 아직 고등학생인데 무슨 노동조합을 할 생각을 하냐고 하시더라고요. 듣고 보니, 나는 아직 어리기도 하고, 내가 일하는 곳에 직원이 여러 명 있는 것도 아니그, 나도 일을 했다가 안 했다가 하니까 역시 노동조합은 할 수 없는 건가 싶어요.

노동조합은 나이에 상관없이, 청소년이라도 가입하거나 만들 수 있습니다. 실제로 청소년들이 만든 노동조합의 사례도 있고요. 또한 노동조합은 한 일터 간에서만 만들 수 있는 것이 아니고, 같은 직종끼리 또는 같은 지역에서도 만들 수 있습니다. 배달 노동자들의 노동조합도 존재하고, 아르바이트 노동자들의 노동조합 등 여러 형태의 노동조합이 존재하므로 자신에게 적합한 노동조합을 찾아볼 수 있을 겁니다.

노동조합은 노동자들이 노동 조건의 유지·개선 및 노동자의 경제적·사회적 지위 향상을 위해서 만드는 단체이다. 돈을 주는 고용자, 사장에 비해 노동자는 불리한 입장에 서기 쉽기 때문에, 많은 나라들이 노동조합으로 뭉쳐서 자신의 권익을 주장할 권리를 중요하게 보장하고 있다. 「헌법」 제33조는 "근로자는 근로 조건의 향상을 위하여 자주적인 단결권·단체교섭권 및 단체행동권을 가진다"라며 기본권으로서 노동조합을 만들 권리를 보장하고 있고, 「노동조합 및 노동관계조정법」은 "근로자는 자유로이 노동조합을 조직하거나 이에 가입할 수 있다"라고 하고 있다.

노동조합을 하나의 기업이나 일터에서만 만들어야 한다는 제한은 없다. 노동조합은 하나의 기업 내에서 만들어지기도 하고, 업종별로 지역별로 만들어지기도 하는 등 여러 가지 형태로 만들어질 수 있다. 예를 들면 여러 신문사, 방송사, 출판사 등에서 일하는 노동자들이 '언론노조'라는 이름으로 함께 노동조합을 꾸리는 경우가 있다. 또 다른 예로, 교사들은 어느 지역, 어느 학교에서 일하든 '전국교직원노동조합'과 같은 교원노조에 가입할 수 있다. 노동조합 설립신고서도 전국적 규모이면 고용노동부 장관에게 제출하고, 지역 규모이면 도지사·시장·군수·구청장 등 지자체장에게 제출하게 되어 있다. 꼭 회사나 기업별로 설립하는 것이 아니란 것이다.

노동조합을 만들거나 노동조합에 가입하는 데는 나이 제한도 없다. 그러므로 청소년 노동자들도 얼마든지 노동조합을 만들거나 노동조합에 가입할 수 있다. 또한 현재 노동자가 아닌 경우, 구직자이거나 노동을 했다가 안 했다가 하는 경우에도 노동조합에 가입할 수 있다. 법원에서는 실업자나 구직자도 노동조합을 만들 수 있다는 판결을 내린 바 있다.

한국에는 청년유니온, 알바노조 등 청소년·청년이나 아르바이트 노동자들이 만든 노동조합들이 존재하고 있다. 이런 노동조합들은 청소년·청년 또는 아르바이트 노동자 등의 세대 및 일하는 방식의 공통점에 기반을 두고 꾸려진 노동조합이다. 여러 기업, 여러 유형의 배달 노동자들이 만든 노동조합인 라이더유니온도 있다. 청소년 노동자로서 직접 노동조합을 만들기 어렵다면 이미 존재하는 이런 노동조합들을 알아보는 것도 좋은 방법일 것이다.

한국은 국제적 기준으로 요구하는 노동자의 노동조합을 만들 권리(단결권, 결사의 자유) 등을 상대적으로 잘 보장하지 않는 나라에 속한다. 노동조합에 대한 편견도 심하다. 그래서 국제노동기구ILO나 다른 나라들로부터 노동자의 권리에 대한 국제협약을 비준하라는 요구를 받고 있다. 한국이 노동조합을 만들고 노동조합에 가입할 권리를 더 잘 보장하는 나라가 된다면, 청소년 노동자들도 노동조합에 가입하고 활동하기가 더 쉬워질 것이다.

V.

정치는 어른들만 할 수 있나

공직선거법과 참여권

청소년도 투표할 수 있나?

청소년도 정당에 가입하고 후보를 지지할 수 있나?

청소년도 선거에 나가거나 정치인이 될 수 있나?

청소년을 위한 참여 제도는 어떤 것이 있을까?

청소년에게도 표현의 자유가 있을까?

학교 앞에서 전단지를 나눠 주는 건 불법인가?

온라인에 학교를 비판하는 글을 올리면 안 되나?

선거에 참여하여 투표를 하는 일, 선거에 후보로 출마하고 대표자가 되는 일, 정당 등의 정치적 단체에서 활동하는 일, 정책에 대해 의견을 제출하고 결정 과정에 참여하는 일, 자신의 의견을 다른 사람들에게 전달하고 주장하는 일, 함께 모여서 외치는 일 등은 모두 넓은 의미에서 정치이다. 자유롭게 의견을 형성하고 이야기하는 것에서부터 적극적으로 결정 과정에 참여하는 것까지 모두 민주주의 사회에서 보장받는 시민적·정치적 권리에 해당한다. 여러 법률들이 이러한 정치적 권리를 행사하는 방법을 정하고 있으며, 제한하기도 한다.

2020년 국회의원 선거 때부터 선거권 제한 연령 기준이 만 18세로 낮춰지고 고등학생·청소년 중 일부가 선거에 참여할 수 있게 되었다. 이러한 법 개정의 과정에서도 청소년이 정치에 참여하는 것에 대해 많은 의견 대립이 있었고, 선거를 앞두고 중앙선거관리위원회는 학교에서의 선거운동 허용 여부 등에 대해 입법 보완 요청을 제출하기도 했다. 청소년을 참정권을 보장받아야 할 시민으로 보기보다는, 청소년의 정치 참여를 부정적으로 바라보고 규제하려고 하거나 청소년을 올바르게 교육해야 할 대상으로만 보는 사람들도 적지 않았다. 이처럼 정치는 청소년에겐 허락되지 않은 것으로 여겨져 온 영역 중 하나이다. 법적으로도 청소년의 정치적 권리는 많은 제한을 받고 있다. 사회의 편견이나 오해 때문에, 학교의 규칙 등으로 제한을 받는 경우도 존재한다.

5부에서는 청소년이 정치에 참여하거나 자신의 의견을 표현하는 등의 행동을 할 때 관련된 법들, 선거나 정당에 관계된 법들을 소개하고 현행법의 한계나 보장되어야 할 권리 등을 이야기해 보려 한다. 선거권은 몇 살까지 제한될까? 청소년도 정당에 가입해서 정치 활동을 할 수 있을까? 선거 외에도 청소년의 정치나 정책 결정 과정에 참여할 제도적 방법은 뭐가 있을까? 인터넷에 학교를 비판하는 글을 게시하면 명예훼손이 될 수도 있을까? 이러한 문제들과 법의 현황을 살펴보견서, 청소년이 우리 사회의 시민으로서 자기 생각을 표현하고 다른 사람들과 소통할 수 있는 자유, 주권자로서 정부의 결정 과정에 참여할 수 있는 권리가 더 잘 보장될 수 있도록 바뀌어야 할 과제를 인식할 수 있기를 바란다-.

참정권과
참여권

자신이 살아가는 공동체, 집단의 공적인 일을 결정할 때 의견을 표현하고 반영하여서 함께 결정하는 권리를 참여할 권리, 참여권이라고 한다. 참여권은 작게는 가족의 일을 결정할 때에서부터 크게는 나라나 온 인류의 일을 결정할 때에도 적용되는 중요한 인권이다.

참여권 중에서도 국가의 공식적인 정부나 지자체의 사안에 참여할 권리를 참정권이라고 부른다. 「헌법」 제1조 제2항은 "대한민국의 주권은 국민에게 있고, 모든 권력은 국민으로부터 나온다"라고 되어 있는데, 여기에서 주권, 즉 주인으로서의 권리가 국민에게 있다는 것이 모든 국민에게 참정권을 보장해야 하는 근거이다. 사람들은 이 나라의 공동의 주인으로서 함께 결정을 내리기 위해 참정권이 필요한 것이다.

법을 만드는 국회의원을 뽑거나 국회의원이 되기 위

해 출마하는 것, 국회와 정부에서 논의되는 법이나 정책에 대해 의견을 제시하는 것 등이 참정권을 행사하는 주요 방법이다. 참정권은 다양한 정치 참여의 권리를 아우르는 개념이다. 다만, 대통령, 국회의원, 도지사, 시장, 군수, 교육감 등의 대표자를 선거로 뽑는 선거권이 정부를 꾸리고 정부의 행동에 시민들의 뜻을 반영할 수 있는 주요한 수단이다. 그래서 선거권을 가리켜 참정권이라고 부르는 때도 있다.

선거권은 원래부터 '모두'에게 주어지던 것은 아니었다. 전 세계적으로 여성의 선거권을 비롯한 참정권은 매우 늦게 인정되었다. 미국에서 흑인이 차별 없이 선거권을 행사할 수 있게 한 법률은 1965년에야 제정되었다. 정치적 자격의 기준은 시대에 따라 변화해 왔고, 법률 또한 이에 맞게 바뀌어 왔다. 유럽의 많은 나라들이 재산을 가진, 백인, 남성만이 정치적 권리를 가지는 데서 시작하여 인종에 상관없이, 재산을 가졌는지에 상관없이, 성별에 상관없이 선거에 참여할 수 있는 방향으로 변화해 왔다. 오랜 시간 나이에 따른 제한은 별 문제가 없다고 여겨졌지만, 청소년인권을 요구하는 운동으로 선거권·피선거권 제한 연령 기준 등도 점차 낮춰지고 있다.

　참정권은 단지 선거에서 투표하거나 선거에 출마할 수 있는 권리에 그치지 않고, 그 사회의 공적 결정에 참여할 수 있는 평등한 사회 구성원으로 인정받는다는 의미가 있다. 참정권의 확대는 시간이 흐르고 사회가 진보하면서 다양한 사람들이 공동체의 평등한 구성원으로 인정받았다는 의미이기도 하다. 청소년 참정권 보장도 마찬가지이다.

　또한, 더욱 발전한 민주주의 사회일수록 선거만이 아니라 더 일상적으로 다양한 방식으로 참정권을 보장한다. 학교나 일터, 지역 사회 등에서 참여할 권리 역시 활발하게 보장되는 편이다. 일상생활에서의 참여가 밑바탕이 되어야만 정치에도 더 잘 참여할 수 있는 것이다. 참정권과 일상적인 참여권은 서로를 보완하고 함께 가는 관계에 있다.

청소년도
투표할 수 있나?

설날에 친척들이 TV를 보는데, 정치인 욕을 막 하면서 정치 이야길 했어요. 그러다가 이모가 저보고 어떻게 생각하느냐고 물었는데, 먼 이야기 같기도 하고, 아직 관심도 없고 잘 모른다고 대답했어요. 그랬더니 이모가 "이제 선거권 연령도 낮춰져서 너도 올해 선거에서 투표할 수 있지 않나?"라고 얘기하더라고요. 청소년도 정치나 선거에 참여할 수 있는 건가요?

넓은 의미에서 정치에 참여할 권리는 누구나 가진 인권이자 헌법적인 권리입니다. 따라서 청소년이어도 당연히 정치에 참여할 수 있습니다. 대통령, 국회의원, 지자체장 등 시민을 대표하는 공직자를 뽑는 선거에는 만 18세부터 참여하여 투표할 수 있습니다. 이전에는 만 19세 미만이면 선거권을 제한받았지만, 법이 개정되어 2020년부터 만 18세 이상이면 선거권을 보장받게 되었습니다.

「세계인권선언」 제21조는 "모든 사람은 직접 또는 자유로이 선출된 대표를 통하여 자국의 정부에 참여할 권리를 가진다"라고 하여 정치에 참여할 권리, 즉 참정권을 인권으로 명시하고 있다. 「헌법」은 제1조 제1항 "대한민국은 민주공화국이다", 제2항 "대한민국의 주권은 국민에게 있고, 모든 권력은 국민으로부터 나온다"라고 하여 국민의 주권과 참정권을 보장하는 민주주의의 이념을 담고 있다.

민주주의 사회에서 정치에 참여하는 방식 중 하나가 선거이다. 「헌법」 제24조에는 "모든 국민은 법률이 정하는 바에 의하여 선거권을 가진다"라고 되어 있다. 모든 국민에게는 선거권이 있지만, 법률에 따라서 행사 방식 등이 제한될 수 있다. 대통령, 국회의원, 지방자치단체의 의원과 장을 뽑는 선거에 관해 규정하고 있는 법률은 「공직선거법」이다. 「공직선거법」 제15조는 만 18세 이상의 국민에게 선거권을 보장하며, 만 18세 미만은 선거권을 행사할 수 없게 하고 있다. 따라서 선거일을 기준으로 만 18세가 되는 사람이 선거권을 행사할 수 있는데, 정확히는 선거일 다음 날이 생일인 사람부터 선거에서 투표를 할 수 있다. 예컨대 2022년 3월 9일 대통령 선거에서는 2004년 3월 10일에 태어난 사람부터 선거권을 보장받는다. 선거일의 끝, 밤 12시에 만 18세에 이르는 사람이 포함된다고 해석하기 때문이다.

만 18세면 고등학교 3학년 학생 중 생일이 지난 사람들, 「민법」이나 「청소년 보호법」으로는 미성년자 또는 청소년인 사람들이 포함된다. 한국에서는 오랫동안 청소년은 선거에 참여할 수가 없었다. 1945년 광복 이후에는 선거권 제한 연령 기준이 만 21세였고, 1960년 4.19혁명 이후에 만 20세, 2005년 만 19세로 선거권이 확대됐다. 그러나 만 18세 이하로 선거권 연령 제한 기준을 낮추려는 시도는 여러 번 조절되었다. 만 18세부터는 '청소년', '미성년자', '고등학생' 등이 적은 수나마 포함된다. 그런데 청소년은 미성숙하여 정치에 참여해선 안 된다는 고정관념이 강했기 때문이다. 청소년의 참정권 보장을 주장하는 운동이 꾸준히 이루어진 결과, 2020년부터 선거권을 만 18세로 확대하는 「공직선거법」 개정안이 시행되기에 이르렀다.

어느 나이까지 선거권을 제한할지, 그 기준은 각 나라마다 다르다. 민주주의 국가 중에는 만 18세를 기준으로 하고 있는 곳들이 가장 많은 편이지만, 만 16세부터 선거권을 보장하는 오스트리아 같은 나라도 있다. 전국 선거에서는 만 18세를 기준으로 하지만 지방 선거에서는 만 16세를 기준으로 하는 나라들도 있다. 한국이 2020년부터 만 18세 선거권을 시행한 것은 세계적 표준에 겨우 발을 맞춘 셈이다. 2018년 국가인권위원회는 성명을 통해서 "민주주의는 이러한 정치적 기본권, 즉 참정권의 범위를 되도록 넓힐 것을 요구합니다. (……) 모든 국가가 연령에 따라 선거권을 제한하고 있지만, 연령 기준에 의해 선거권을 갖는 사람의 범위는 정치적 기본권 보장 측면에서 최대한 확대돼야 합니다"라며, 선거권을 최대한 확대하는 방향으로 나아가야 한다고 이야기하기도 했다.[42]

선거는 민주주의 국가에서 가장 대표적인 정치 참여의 방식이다. 하지만 설령 선거권이 아직 제한되어 있더라도, 그것이 정치에 참여할 수 없다는 의미는 아니라는 것을 기억할 필요가 있다. 만 18세가 되지 않았더라도 정치에 참여할 권리와 주권을 가지고, 선거권이 아닌 다른 법으로 정치에 참여할 수도 있다.

청소년도 정당에 가입하고 후보를 지지할 수 있나?

? 부모님 앞으로 온 선거 홍보물을 보다가 그중에 정말 마음에 드는 정책을 가진 정당이랑 후보를 발견했어요. 비록 이번 선거에서 선거권은 없지만, 그 정당에 가입도 하고 후원도 하고, 정말 좋다고 주변 사람한테 홍보도 하고 싶고, 제 SNS에 지지하는 글도 올리고 싶어요. 그런데 언니가 단칼에 "너 아직 고등학생이라, 그거 불법이야"라고 하더라고요. 진짜인가요?

! 현행법상, 만 18세 이상이어야만 정당의 당원이나 발기인이 될 수 있습니다. 그리고 만 18세가 넘은 사람만이 선거운동을 할 수 있습니다. 만 18세 미만 청소년이 선거 때 정당이나 후보를 지지하거나 반대하거나 누군가를 찍으라고 권유하는 등의 활동을 하면 선거법을 위반하는 것이 될 가능성이 높습니다.

직접적으로 정당 가입이나 활동을 몇 살 이상만 할 수 있다고 명시한 법률은 없다. 하지만 「정당법」 제22조에는 "국회의원 선거권이 있는 자"가 정당의 발기인 및 당원이 될 수 있다고 되어 있다. 이에 따라 선거권을 보장받지 못하는 만 18세 미만 청소년은 정당에 가입할 수 없다. 기존 정당에 가입하는 것뿐만 아니라 새로운 정당을 만드는 것도 마찬가지다. 하지만 그렇더라도 청소년의 당원 가입을 받는 정당이 법적으로 불이익을 받지는 않으며, 청소년 당원을 받는 정당들도 있다. 청소년이 정당 당원으로 가입해서 활동하더라도 처벌받지는 않는다.

청소년이 정당에 대해 홍보하는 것은 어떨까? 평소에는 정당이나 그 정당의 정책 등에 대해 마음껏 홍보할 수 있고 이는 기본적인 정치적 자유이다. 하지만 선거 기간일 때는 사정이 달라진다. 「공직선거법」 제60조는 '선거운동을 할 수 없는 자'를 규정하는데, 여기에는 만 18세 미만인 청소년도 들어 있다. 선거운동이란 흔히 생각하는, 후보들이 유세를 하는 것에만 해당하는 것이 아니다. 「공직선거법」 제58조 제1항에서 선거운동은 "당선되거나 되게 하거나 되지 못하게 하기 위한 행위"라고 매우 넓게 정의되어 있고, 선거관리위원회가 각각의 사안이 선거운동인지 아닌지를 판단하는 식이다. 어떤 후보가 당선되기를 바라는 마음으로 온라인에 지지 의사를 공표하거나 주변 사람에게 그 후보에게 표를 주라고 권하는 것이 모두 선거운동이 될 가능성이 높다.

때문에 만 18세 미만 청소년은 선거 기간에는 정치적인 표현의 자유가 크게 위축될 수밖에 없다. 만 18세 미만 청소년이 구성원의 절반 이상인 단체 또한 이름을 내걸고 선거운동을 할 수 없기 때문에, 청소년이 모여 만든 단체나 고등학교 학생회 등이 정당이나 후보를 지지하거나 반대하는 것도 불가능하다. 실제로 2012년 국회의원 선거, 2018년 지방 선거 때 청소년이 SNS에 후보를 지지하는 내용을 업로드 했다가 선거관리위원회의 경고를 받거나 경찰에 불려 간 사건들이 있었다. 2020년 총선 때는 청소년이 자발적으로 선거운동을 했다는 이유로, 해당 정당의 당직자가 「공직선거법」 위반으로 처벌을 받는 사건도 일어났다. 청소년은 직접적으로 투표를 하지도 못하는데, 그에 더해 누군가를 지지하거나 반대한다고 표현하는 일도, 홍보하는 일도 가로막혀 있다. 또한 이 법은 선거운동을 한 시점에서 만 18세가 넘었는지를 기준으로 하기 때문에, 선거일에는 투표를 할 수 있는데 며칠 차이로 선거에 대한 의견은 표명할 수 없는 경우도 생긴다. 청소년은 선거에 참여하지도, 목소리를 내지도 못하기 때문에 정치인들은 '아무런 힘이 없는' 집단인 청소년들을 위한 정책에는 소홀해지기 쉽다.

「공직선거법」의 목적은 선거가 공정히 행하여지도록 하고, 선거와 관련한 부정을 방지하는 데에 있다고 명시되어 있다. 하지만 청소년 등의 표현의 자유를 원천적으로 제한하는 것은 부정을 막는 것과 별 상관이 없어 보인다. 대부분의 민주주의 국가들은 이렇게 나이에 따라 선거운동이나 정치적 표현의 자유를 제한하는 법을 갖고 있지 않다. 국가인권위원회는 이미 2013년에 "정당가입이나 활동은 선거권과 성격이 다른 점에 비추어 정당가입 연령을 선거권 연령과 분리하고 일반적인 선거권 연령보다 낮추는 방안을 검토하는 것이 바람직하다"[43]는 의견을 표명하였다. 「공직선거법」이 청소년의 참정권과 표현의 자유를 과도하게 제한하는 문제는 선거권 제한 연령 기준과는 별개로 개선해야 할 문제라 할 수 있다.

2020년 4월 국회의원 선거 당시 노동당의 청소년 당원(만 14세)이 선거운동에 참여한 일이 있었다. 검찰은 이 청소년을 조사한 뒤, 청소년 본인이 아니라 노동당의 당직자를 '선거운동을 할 수 없는 자가 선거운동을 하게 했다'는 죄목으로 기소했다. 청소년의 자발적 참여를 인정하지 않고, 정당 당직자가 선거운동을 하도록 시켰다는 논리로 기소한 것이다. 2020년 8월 20일 부산지방법원의 1심 판결에서는 정당 당직자에게 벌금 1,000,000원 형이 선고되었다.[44] 이 사건의 당사자인 청소년은 신문에 기고한 글을 통해, "이번 선거운동은 스스로의 생각을 말하고, 시민들을 설득하는 정치적 광장이었고, 정치적 시민으로서의 기본권을 누릴 수 있는 기회였다. 그래서 짧지만 특별했다"라고 이야기했다. 또한 노동당 부산시당 당직자가 처벌받은 것에 대해서는 "청소년의 선거운동을 '제지하지 않았다'는 것이 그의 죄였다. "일체의 강요와 명령, 지시가 없었건 자발적인 청소년의 의사 표현 행위였다"는 나의 주장은 고려조차 되지 않았다"라고 비판했다.[45]

2020년 11월 4일 부산고등법원의 2심 판결에서는 유죄이긴 하나 벌금 800,000원으로 형량이 낮춰졌다. 부산고등법원 재판부는 미성년자가 선거운동을 하게 한 것은 위법이라고 판단하면

서도, 청소년 본인이 스스로 청소년 당원으로 가입해서 활동해
온 상황을 인정하고 헌법이 보장하는 기본권(참정권)과 관련된
논의와 연결될 수 있음을 인정했다. 이 판결은 대법원 상고 없이
확정되었다. 다음은 2심 판결문의 일부이다.

> 피고인의 범행으로 인해, 아직 판단력이 미성숙하고 피암시성이 강한
> 미성년자의 정치 도구화 내지 편향화를 방지하고 선거운동의 공정을
> 확보하려는 입법 목적과 당위성이 훼손되었다.
> (……) 피고인이 소속된 노동당은 청소년에 대한 참정권 확대를 주요한
> 정책으로 채택하고 있고, 미성년자인 OOO 역시 이 사건 범행 당시 만
> 14세 10월 남짓의 중학교 3학년생임에도 위와 같은 노동당의 정책을 지
> 지하여 청소년 당원으로 가입해서 활동해 온 것으로 보이므로, 피고인과
> OOO의 행위가 실정법 위반에 해당함은 분명하지만 이와는 별개로 헌
> 법이 보장하는 정당 활동의 자유라든지 국민의 기본권(참정권) 확장과
> 관련된 논의와도 연결될 수 있는 여지를 남긴다.[46]

청소년도
선거에 나가거나
정치인이 될 수 있나?

? 저는 정치인이 꿈이에요. 주변에서도 저더러 말 잘한다고, 정치인 하면 잘하겠다고 해요. 그런데 정치인이 되려면 어떻게 해야 할지 생각해 보면 좀 막연해요. 나중에 나이가 들어서 하면 되는 걸까요? 부모님도 그냥 '정치는 네가 먼저 훌륭한 사람 되고 나서 하는 거다'라고만 말씀하세요. 생각해 보니 우리나라는 대통령은 물론이고 시장이나 국회의원이나 다들 나이 든 사람들밖에 본 적 없는데, 제가 지금부터 정치인이 되기 위해 선거에 나가거나 참여할 수는 없는 건가요?

! 선거에 후보로 나올 수 있는 권리는 대통령을 제외한 국회의원, 지방자치단체장 등의 공직은 만 25세 미만에게는 제한됩니다. 대통령은 만 40세 이상이어야 후보로 출마할 수 있습니다. 만 18세 미만은 정당 가입은 법적으로 제한되어 있으나, 그 외의 다양한 정치 활동을 나이에 상관없이 할 수 있습니다.

「헌법」 제25조는 "모든 국민은 법률이 정하는 바에 의하여 공무담임권을 가진다"라고 되어 있다. 공무담임권이란, 국가나 지방자치단체 등의 기관에서 공적 업무를 담당할 수 있는 권리를 말한다. 선거에 출마할 수 있는 권리도 공무담임권에 속한다. 즉 선거권과 마찬가지로, 공무담임권 역시 모든 국민에게 있지만 법률에 따라 제한될 수 있다. 「공직선거법」 제16조는 선거에 출마할 권리, 즉 피선거권의 조건에 관해 명시하고 있다. 한국에서 지방의회의원, 지방자치단체장, 국회의원 선거에 출마할 수 있는 연령은 만 25세 이상이다. 대통령 선거에 출마할 수 있는 것은 만 40세 이상이다. 「헌법」 제67조도 "대통령으로 선거될 수 있는 자는 국회의원의 피선거권이 있고 선거일 현재 40세에 달하여야 한다"라고 대통령의 조건을 명시하고 있다. 국회의원 피선거권과 대통령 피선거권의 연령 제한 기준은, 1948년 이래 단 한 차례도 개정되지 않았다.

　헌법재판소의 판례에 따르면, 피선거권에 나이 기준을 두는 이유는, 대의 민주주의 통치 질서에서 국가 기능의 확대 및 복잡화에 따른 전문성 확보, 국회의원의 고양된 대의 활동 능력 및 정치적 인식 능력에 대한 요구, 이런 능력을 갖추기 위한 교육 과정과 직·간접 경험을 쌓는 데 소요되는 기간, 성실한 납세 및 병역 의무의 이행을 요구하는 국민의 기대 등을 고려하는 것이다.[47] 즉 국회의원 등의 직무를 수행하기 위해서는 전문성과 정치적 능력이 필요하고, 이런 것들을 갖추기 위해서는 교육 기관에서 보내는 기간과 그 외의 경험을 쌓을 시간이 필요하며, 더불어 납세 및 병역의 의무를 일정 기간 이행하고, 이를 증명할 수 있어야 한다는 것이다.

세계적으로 선거권 및 피선거권을 제한하는 연령 기준은 다양하다. 선거권과 피선거권의 연령에 차이를 두는 국가도 있고, 차이를 두지 않는 국가도 있다. 만 25세라는 한국의 연령 제한 기준은, 영국 만 21세, 캐나다 만 18세, 독일 만 18세, 스웨덴 만 18세, 호주 만 18세 등에 비하면 꽤 높은 편이다. 실제로 2005년, 미국의 힐스데일 시의 시장으로 만 18세 청소년이 당선된 일이 있고, 2002년 독일에서는 만 19세 청소년이 국회의원으로 선출된 적도 있다.

대의민주주의는 누군가가 사람들을 대표하여 정치적 힘을 행사하는 제도이다. 다양한 사람들이 잘 대표되기 위해선 대표자들이 경제력, 나이, 성별, 인종, 학력 등 여러 삶의 조건들에 대해 공감하고 잘 알아야 하며, 다양한 사람들이 대표자가 될 길이 열려 있어야 한다. 만 25세 미만의 청소년·청년들의 경우에도 스스로 대표자가 되고 정치적 목소리를 낼 수 있게 해야 한다는 지적이 끊임없이 나온다. 피선거권의 문제는 정당 활동의 권리 문제와도 깊은 관계가 있다. 외국에서 젊은 나이에 선거에 출마하고 공직을 맡는 정치인들은 대부분 10대 때부터 정당에서 정치

활동을 하곤 한다. 반면 한국은 청소년의 정당 가입이 어렵고, 청소년의 정치 활동에 대한 부정적 인식도 많다. 원칙적으론 청소년도 나이에 상관없이 다양한 정치적 활동에 참여하고 '정치인'이 될 수 있어야 하겠지만, 정당 활동이나 피선거권 등을 제한하는 법률과 사회적 편견 때문에 많은 제약을 받는 셈이다.

청소년을 위한
참여 제도는
어떤 것이 있을까?

? 정부에서 또 대학 입시 방식이랑 교과목을 바꾸기로 했다는 소식을 인터넷에서 봤어요. 매년 왔다 갔다 하는 교육 제도에 화가 나요. 왜 정작 우리의 이야기는 듣지 않는 걸까요? 무슨 여론 조사인가 공론 조사인가를 하는데 그것도 청소년들은 빼고 하더라고요. 청소년 정책이나 교육 정책 같은 것에 대해서 의견을 내고 싶지만 어떻게 해야 하는지 모르겠어요. 청소년들이 정부 정책에 대해서 의견을 제기하고 참여할 수 있는 방법이 있나요?

! 청소년들도 다양한 방식과 경로로 정책에 대해 의견을 제출할 수 있습니다. 또한 청소년들을 위한 참여 기구인 청소년참여위원회나 청소년특별회의 같은 제도도 존재합니다. 하지만 아직은 이러한 참여 기구들의 실제 권한이나 영향력이 약하다는 한계가 있습니다.

민주주의 사회에서 시민들은 정부 정책에 대해서 의견을 내고 다양한 방법으로 참여할 수 있다. 행정부나 입법부(국회)에 의견서를 제출하거나 민원을 내는 등의 활동을 할 수도 있다. 「헌법」제26조는 "모든 국민은 법률이 정하는 바에 의하여 국가기관에 문서로 청원할 권리를 가진다"라고 하여 의견을 문서로 제출하고 그에 대한 답변을 받을 권리를 보장하고 있다. 정부 정책 등에 대해서 자기 생각을 표현하고 말하고 함께 모여서 행동할 수 있는 언론·표현·집회·결사의 자유 등은 가장 기본적인 시민의 권리이기도 하다.

그 외에도 청소년들이 정부에 정책을 제안하고 의견을 낼 수 있는 제도들이 존재한다. 「청소년 기본법」은 청소년의 권리와 책임, 가정·사회·국가·지방자치단체의 청소년에 대한 책임, 청소년 정책에 관한 기본적인 사항을 정하고 있다. 청소년의 자치권 확대에 대해 규정한 「청소년 기본법」 제5조의2는, "국가 및 지방자치단체는 청소년이 원활하게 관련 정보에 접근하고 그 의사를 밝힐 수 있도록 청소년 관련 정책의 자문·심의 등의 절차에 청소년을 참여시키거나 그 의견을 수렴하여야" 한다고 명시하고 있다.

이러한 취지에 따라 청소년 참여 기구들이 설치되어 있다. '청소년참여위원회'는 정부와 지방자치단체의 청소년 정책·사업에 대해 청소년들의 의견을 제시하고 자문과 건의 및 평가를 하며, 청소년과 관련된 프로그램이나 토론회, 캠페인 등을 개최하고 참여한다.* 청소년참여위원회는, 지방자치단체에서 공개 모집을 할 때 지원 신청서와 정책 제안서 등을 제출하고 서류 심사와 면접 심사를 거쳐서 들어갈 수 있다. 되도록 다양한 나이, 성별 등을 고려하여 뽑고 있으며, 장애인·새터민·학교 밖 청소년 등 소수자들을 우선하여 뽑기도 한다. 지역에 따라서는 조례로 '차세대위원회', '학생참여위원회' 등을 만들어서 청소년들이 지역의 정책이나 사업에 대해서 의견을 제시하고 활동할 수 있도록 하는 곳도 있다. 학생인권조례가 시행 중인 지역에서는 '학생의회'나 '학생위원회', '학생참여단' 등을 꾸려서 학생들이 학생 인권 관련 정책에 의견을 제시할 수 있게 하고 있다. 어린이·청소년의 참여권 보장을 목표로 지자체에서 운영하는 '어린이·청소년 의회(아동 의회, 어린이 의회, 청소년 의회 등)'도 있다.

「청소년활동 진흥법」 제4조에 의하면 청소년수련원, 청소년수련의 집, 유스호스텔 등 청소년수련시설은 청소년의 활동을 활성화하고 참여를 보장하기 위해 청소년으로 구성된 '청소년운영위원회'를 운영해야 한다. '청소년운영위원회'는 청소년수련시설과 프로그램 운영에 참여하고 모니터링을 한다. 지역의 청

* 「청소년 기본법」 제5조의2 제4항~제6항, 「청소년 기본법 시행령」 제2조의2

소년수련시설 운영과 활동에 대해 의견을 내고 싶다면 청소년운영위원회에 참여하는 것도 한 방법이다.

전국 차원의 청소년 참여 기구로는 '청소년특별회의'가 있다. 「청소년 기본법」 제12조에 따라, 정부는 청소년 정책의 설정 추진 및 점검을 위해 청소년 분야의 전문가와 청소년이 참여하는 청소년특별회의를 매년 개최해야 한다. '청소년특별회의'는 청소년 대표와 전문가들이 청소년 이슈에 대한 토론과 실천 활동을 통해 청소년이 바라는 정책을 정부에 건의하는 회의이다. 청소년특별회의 청소년 위원은 매년 공개 모집을 통해 정한다. 지원 신청서와 자기소개서, 정책 제안서 등을 제출하면 심사위원회가 선발한다. 청소년참여위원회와 청소년운영위원회에서 청소년특별회의의 정책과제를 발굴하고 건의하는 역할을 하기도 한다.

그 밖에 보건복지부 정책으로 시행되는 '대한민국 아동총회'도 있다. 정부의 제2차 아동정책기본계획(2020~2024)에서는 아동정책조정위원회에 아동총회 결과 보고를 의무화하도록 「아동복지법」을 개정하여, 만 18세 미만 청소년이 제안한 안건을 정책에 반영할 수 있는 근거를 마련하겠다고 밝혔다.

한국의 청소년 참여 기구에는 대개 정책에 대한 결정권은 없으며, 주로 관련 주제로 토론하고 의견을 제시하는 역할을 한다. 이처럼 권한이 없다는 점 때문에 한국의 청소년 참여 기구가 실속이 없다는 지적이 나오기도 한다. 정부의 청소년 참여 기구에

들어가기 위해서는 부모·보호자 동의서나 학교장 추천 서류 등
이 필요하며, 선발 방식이 결국 어른들, 전문가들이 심사하는 방
식이기 때문에, 청소년들을 제대로 대변하지 못하는 쪽으로 편
중될 위험성이 있다는 문제점이 지적되기도 한다.

　　외국의 경우에는 청소년들이 선거권을 가지지 못하더라도 정
책 결정에 참여할 수 있도록 하는 청소년 의회 등의 제도가 있는
경우가 있다. 프랑스에는 청소년들이 직접 뽑은 20~40명의 청소
년 위원들이 참여하는 청소년 위원회가 지역마다 있다. 청소년
위원회에서는 지역 사회에서의 청소년 시설이나 문화 행사 개최
에 관한 내용을 결정하며, 스스로 예산도 쓸 수 있다. 프랑스의 청
소년 위원회는 청소년에 관한 법률이나 정책을 논의하고 건의하
기도 한다. 독일에도 청소년 의회 제도가 있다. 청소년 의회는 지
역마다 꾸려지며, 청소년들이 직접 뽑은 14~18세의 청소년 의원
들로 만들어진다. 지역마다 청소년 의회의 형태나 권한에는 차이
가 있다. 독일의 청소년 의회들은 예산을 가지고 캠페인이나 행
사 등을 진행하며, 상당수는 지방의회에 안건을 제출할 수 있는
권한이나 지방의회 회의에 참석해서 발언할 수 있는 권리를 가지
고 있다. 또한 일부 주의 청소년 의회들은 직접 지방의회에서의
법안 의결 등에 참여할 권리도 가지고 있다. 이처럼 청소년 의회
등 청소년 참여 기구들은 선거권·피선거권을 제한받는 청소년들
이 민주주의 사회의 시민으로서 정치에 참여할 수 있는 길이다.

청소년에게도
표현의 자유가
있을까?

고등학교에서 학생들끼리 직접 신문을 만들고 돈을 모아서 발행하는
자율적인 신문 동아리에서 활동하고 있습니다. 그런데 신문에 몇몇
교사의 수업에 대해 비판한 이야기들을 실었더니 동아리 담당 선생님이
기사를 빼라고 했습니다. 우리가 우리한테도 교과서에 나온 언론의 자유,
표현의 자유가 있다고 항의하니까 선생님이 '너희는 학생이야.
학생은 표현의 자유가 없어. 그런 건 어른 돼서나 찾아'라고
말씀하시더라고요.

표현의 자유는 나이에 상관없이, 청소년이더라도 보장받아야 하는 아주
기본적인 권리입니다. 청소년, 미성년자라고 해서 표현의 자유나 언론의
자유가 없다는 법은 없습니다. 더구나 발행인이 학교장인 학교 신문이
아니라 학생들이 자율적으로 만들어 발행하는 신문이라면 학교에서
그 내용을 검열, 제지하는 것은 국가인권위원회 등으로부터 인권 침해로
인정받을 가능성이 높습니다.

표현의 자유는 자신의 의견을 자유롭게 말할 수 있는 여러 권리를 의미한다. 좁게는 말이나 글 등으로 의견을 표현할 언론·출판의 자유를 뜻하고, 좀 더 넓게는 집회·시위·결사의 자유처럼 여럿이 함께 힘을 모아서 이야기를 나누고 다양한 방식으로 의사를 표현할 자유 등을 가리킨다. 또한 이러한 주장이나 정보 등을 듣고 읽고 전달받을 수 있는 권리 역시 표현의 자유에 속한다. 사람들이 자신의 생각이나 감정을 표현하고 소통하기 위해 필요한 여러 권리들을 포함하는 개념으로 볼 수 있다.

학교에서 학생들이 신문을 만들거나 자신의 의견을 글로 쓴 전단지 등을 만들어서 나눠 주는 것, 청소년들이 사회적 문제에 대한 주장을 담은 뱃지를 달거나 티셔츠를 입고 다니는 것, 자신의 주장을 큰 판에 써서 피켓을 만들어 들고 서 있는 것 등이 모두 표현의 자유를 행사하는 것이다. 이처럼 사람들이 자신의 주장을 자유롭게 이야기하고 같은 주장을 하는 사람들이 모이고 정부나 사회, 다른 주장을 비판하는 것은 민주주의의 출발점이자 뿌리이다.

「헌법」 제21조는 "모든 국민은 언론·출판의 자유와 집회·결사의 자유를 가진다"고 명시하고 있다. 특히 모든 국민들이 권력을 가진 사람들의 눈치를 보지 않고 표현의 자유를 자유롭게 행사할 수 있도록 제21조 2항에서는 "언론·출판에 대한 허가나 검열과 집회·결사에 대한 허가는 인정되지 아니한다"라고 규정하고 있다. 언론·출판 행위를 허가를 받아야만 할 수 있게 하거나, 생각을 담은 글이나 책 등이 세상에 나오기 전에 정부로부터 검사를 받게 하는 제도(검열), 사람들이 어떤 주장을 하기 위해 모이거나 단체를 조직하는 것을 정부에 허가를 받아야만 할 수 있게 하는 제도는 「헌법」에 어긋난다는 뜻이다. 정치적 권리를 행사할 때, 이를 정부나 누군가에게 허락받아야 할 수 있게 하는 것은 인권 침해이자 위헌이다.

야외에서 많은 사람이 모여 집회·시위를 하는 것도 원칙적으로는 자유롭게 할 수 있다. 다만 「집회 및 시위에 관한 법률」에서는, 야외 집회·시위를 할 때는 사전에 언제 어디서 얼마나 모이는지를 신고하여 서로 다른 집회·시위가 같은 시간, 같은 장소에서 겹쳐 사고가 벌어지는 일을 예방하고, 교통 통제 등 경찰의 협조를 받을 수 있도록 하고 있다. 허가제는 법에 정해진 조건을 충족시키고 타당성 등을 정부가 심사하여 허락해 줘야만 행동을 할 수 있는 것인 반면, 행동을 하기 전에 이런 것을 할 계획이라고 형식에 맞춰 미리 정부에 알리기만 하도록 정해 놓은 것이 신고제이다. 청소년도 집회·시위를 하겠다고 신고할 수 있으며, 집회·시위에 참여하는 것도 자유롭게 할 수 있다.

그러나 우리 사회는 청소년들의 표현의 자유 등 정치적 권리를 부정적으로 보는 편견이 많다. 많은 학교들에서는 학생들이 학교 규칙이나 운영 등에 대해 불만을 표현하는 행위를 학교의 질서를 어지럽힌다며 처벌하고 있다. 학교에서 학생들이 모여 의견을 표출하기 위한 학내 집회를 개최했을 때, 학생들의 주장이 담긴 신문, 전단지 등을 배포하는 행위를 했을 때, 벽보를 붙였을 때, 학생들은 무거운 징계를 당하거나 징계 위협을 피할 수 없는 것이 현실이다. 2005년이나 2008년 등에 많은 청소년들이 교육 정책을 비롯하여 정부 정책에 관한 거리 집회에 참여했을 때는, 정부에서 학생들이 집회에 참여하지 못하도록 지도하라고 학교에 지시한 예도 있었다.

나이가 어리거나 초·중·고 학생이라고 해도 표현의 자유는 보장받아야 한다. 「유엔아동권리협약」 역시 아동의 표현의 자유(제13조), 집회·시위의 자유(제15조) 등을 보장하고 있다. 제12조는 "자신의 견해를 형성할 능력이 있는 아동에 대하여 본인에게 영향을 미치는 모든 문제에 있어서 자신의 견해를 자유스럽게 표시할 권리를 보장"해야 한다고 밝힌다.

또한 학생인권조례에서도 학생의 표현의 자유를 보장하고 있다. 국가인권위원회도 학생들이 학교 안에서 전단지를 배포하거나 집회·시위를 하는 것이 표현의 자유이며 이를 이유로 처벌하거나 이를 금지해선 안 된다는 결정을 여러 차례 내렸다. 「헌법」과 「유엔아동권리협약」에서 표현의 자유를 보장하고 있더라도 제대로 실현되지 않고 있기 때문에 청소년들의 권리 보장을 위해 조례를 만드는 등 여러 노력이 이루어지고 있는 것이다.

　다른 사람들에게 자신의 주장을 말할 권리, 표현할 권리는 청소년들에게도 동일하게 보장되는 「헌법」상의 기본권이다. 청소년도 누군가의 허가나 허락 없이도 자신의 주장을 다른 이에게 알릴 수 있다. 표현의 자유는 인간이 누려야 할 자연스럽고 당연한 권리이면서, 민주주의 사회의 초석이기도 하다. 학교에서 신문을 발간하는 것은 작은 일처럼 보이지만, 이처럼 작은 데서부터 자유롭게 주장을 이야기할 수 있어야 사회나 정부에 대해서도 한층 더 자유롭게 이야기하고 비판할 수 있을 것이다.

학교 앞에서
전단지를
나눠 주는 건
불법인가?

? 요즘 날씨가 추운데도 학교에서 패딩 점퍼를 입으면 무조건 압수라고
엄포를 놨어요. 아무리 그래도 너무 부당하다는 생각에, 몇몇 친구들과
함께 겉옷 규제에 반대하는 내용의 전단지를 만들었어요. 우리 학교뿐
아니라 옆 학교 앞에서도 전단지를 나눠 주고 있었는데요, 도중에
경비원이 나와서 '이거 누구 허락받고 뿌리냐, 이런 거 다 불법이다!'라며
소리를 지르는 거예요. 일단 너무 무섭고, 정말 불법인가 걱정돼서
전단지를 다 못 나눠 줬어요.

! 보통 전단지를 배포하는 것은 광고 행위로 규제를 받기는 합니다.
하지만 이는 상업적인 광고에 해당하는 것이고, 정치적 의사 표현은
해당하지 않습니다. 학교 앞에서 자신의 주장을 종이에 써서 나눠 주는
것은 정당한 언론·표현의 자유 행사라고 볼 수 있습니다.

전단지는 「옥외광고물 등의 관리와 옥외광고산업 진흥에 관한 법률」(「옥외광고물법」)의 정의에 따르면 옥외광고물에 속한다. 하지만 「옥외광고물법」에서 주로 규제의 대상으로 삼는 것은 영리 목적, 즉 광고를 통해 돈을 벌 목적을 가지고 배포하는 홍보물들이다. 「옥외광고물법」 제2조의2에는 이 법을 적용할 때 국민의 정치 활동의 자유 및 그 밖의 자유와 권리를 부당하게 침해하지 아니하도록 주의하여야 한다고 명시하고 있다. 정치적 표현물이 옥외광고물이라는 이유로 단속, 검열당하지 않도록 하기 위해서이다. 「헌법」이 언론·출판의 자유를 보장하고 있기 때문이다. 학생이 학교의 불합리한 규칙을 바꿔야 한다는 주장을 알리기 위한 전단지는 정치적 표현물에 해당하기 때문에 사전에 허가를 받고 배포할 필요가 없다.

전단지 배포 행위를 학교 앞이나 안에서 해선 안 된다는 주장을 듣게 되는 경우도 있다. 우선, 학교가 공공 기관이기 때문에 학교 앞에서 전단지 배포나 1인 시위 등을 할 수 없다는 것은 잘못된 인식이다. 학교 앞의 통학로는 공공의 도로이기 때문에 정치적 활동을 하는 데에 제약이 없다. 학교 내부에 학교의 관계자가 아닌 사람이 들어가는 것은 불법일 수 있지만, 그 학교에 다니는 학생이라면 문제될 것은 없다.

이처럼 법률에서는 청소년이라고 해도 표현의 자유를 보장하고 있다. 그러나 상당수의 초·중·고 학교들에는 정치적 단체나 서클 가입, 집회 등의 행동을 학교 규칙으로 금지하고 있으며, 문서를 배포하려면 학교 교사들의 사전 허가를 받도록 하는 곳들도 있다. 이는 「헌법」이 금지한 언론·출판에 대한 사전 검열, 허가 제도이다. 이러한 위헌적인 학교 규칙 등을 개선하기 위한 법적 보완이 필요하다.

온라인에 학교를
비판하는 글을
올리면 안 되나?

? 페이스북과 트위터에 우리 학교 벽에 금이 간 모습, 너무 낡은 책상 등을 찍어서 올렸는데 공유가 엄청 많이 됐어요. 처음에는 좀 놀라기도 했고 혹시 뭐라도 바뀔까 기대했는데, 지금은 좀 무서워요. 교감 선생님이 누가 올린 건지 찾아서 명예훼손으로 고발하겠다고 방송을 했거든요. 정말 고발당해서 경찰에 잡혀가고 처벌받을 수도 있나요?

! 한국에서는 사실을 알린 경우도 명예훼손으로 형사적 처벌을 받을 수는 있습니다. 하지만 그 목적이 공익을 위한 것이었다고 인정되면 처벌 대상이 되지 않습니다. 학교 시설의 위험성이나 노후 문제를 알리고 개선하기 위한 행위였다면, 학교가 이를 고발하더라도 수사나 처벌 대상이 되지 않을 가능성이 높습니다.

많은 학교들이 학교 징계 규정 등에 '온라인에 글을 올려서 학교의 명예를 훼손하는 학생'을 징계한다는 내용을 갖고 있다. 학생들이 온라인을 통해 학교의 문제점을 알리고 공론화하는 사례가 늘어나면서 이에 대처하기 위해서 만들어진 것이다. 실제로 2005년에는 고등학교의 급식을 비판하며 비리가 의심된다는 글을 교육청 게시판에 올린 학생이 퇴학을 당한 사건 등이 있었다.

표현의 자유의 핵심적 역할은 '비판과 견제'의 기능이라 할 수 있다. 학교를 비판했다는 이유로 학생의 글을 삭제하라고 강요하거나, 학생이 학교에 대해 비판하는 글을 온라인에 올리지 말라고 한 규정은, 「헌법」과 「유엔아동권리협약」 등이 보장하는 표현의 자유를 침해하는 부당한 것이다. 특히 학교는 국가가 정한 법에 따라 설치된 공공 기관이다. 국가 기관, 공공 기관은 시민들의 비판에 더 많이 귀 기울이고 더 관용적이어야 한다. 공공 기관의 운영이나 정책은 공적인 일이기 때문이다.

한국의 「형법」상 명예훼손죄에 따르면 사실을 알린 경우도 처벌 대상이다. 거짓이 아닌 사실을 공공연히 알린 경우에도, 그것이 누군가의 명예를 훼손하는 것이라면 형사 처벌을 받을 수도 있는 것이다. 다만 「형법」 제310조에서는 "진실한 사실로서 오로지 공공의 이익에 관한 때에는 처벌하지 아니한다"라고 하여, 공공의 이익을 위해 알린 것이라면 처벌하지 않도록 정하고 있다. 정부나 학교의 정책이나 시설 등을 비판하는 것은 공공의 이익에 관한 것일 가능성이 더 클 것이다. 이러한 점을 고려하지 않고 온라인에 글을 올려 학교의 명예를 훼손한 학생을 징계하는 학교 규칙은 표현의 자유를 침해하는 위법적인 규칙이라 할 수 있다.

물론 학생들이 학교에 대해 비판하는 글을 쓰는 와중에 일부 사실을 잘못 알고 쓰거나 과장해서 쓰기도 한다. 그러나 일부의 오류나 과장이 비판 전체를 잘못된 것으로 만들지는 않는다. 미국에서는 공인이나 공적인 관심사에 대한 비판은 설령 오류나 잘못이 있다고 하더라도 명예훼손으로 처벌하지 않으며, 의도적인 악의가 있다고 피해자 측이 입증해야만 처벌할 수 있다. 한국 법원도 이와 비슷한 기준으로 판결을 하곤 한다. 즉 학교에 대해 비판한 글에 설령 약간 잘못된 내용이 있더라도 명예훼손이 되지 않으며, 누군가에게 피해를 입히기 위해 일부러 악의적인 거짓말을 꾸며서 쓴 경우만 처벌을 받을 것이다.

한국의 명예훼손죄는 사실을 알린 경우에도 형사 처벌을 받게 한다는 점 등의 이유로 비판받곤 한다. 사실을 알려서 부당한 손해를 입힌 경우에는 민사상 손해배상 등의 방법을 취하게 해야지, 국가가 나서서 범죄로 규정하고 처벌하는 것은 표현의 자유를 위축시키고 침해할 위험성이 있다는 지적이다.

2020년, 한 사립 고등학교에서 교사 해임 문제를 비판한 학생, 시민사회단체 대표자, 기자 등 10여 명이 사학 재단으로부터 고소당한 사건이 일어났다. 사건의 발단은 수년 전 교사 채용 과정에서의 부당한 금품 요구를 알렸던 교사가 해임 징계를 당한 것이었다. 학교 측이 제시한 사유는 통상 해임까지 시키기에는 사소한 일들이었기에, 보복성 징계가 아니냐는 의혹이 제기되었다. 학생들의 SNS 손글씨 릴레이 운동, 학교 앞 현수막 게시, 언론 보도 자료 배포 등이 이어졌고, 단체들도 비판 입장을 발표했다. 그러자 학교 측이 이들을 명예훼손 혐의로 고소한 것이었다.

이후 교육청이 나서서 학생들에 대한 고소를 취하할 것을 요구하자, 학교 측은 재학생과 졸업생 등에 대한 고소를 일부 취하했다. 하지만 현수막을 게시하고 보도 자료를 배포한 행위에 대한 고소는 '정말 학생이 한 게 맞느냐'라며 취하하지 않았다. 시민사회단체 등에 대한 고소 역시 취하하지 않았다. 검찰은 '명예훼손에 대한 범죄 혐의점을 발견할 수 없다'라고 무혐의 불기소 결정을 내렸다. 학교에서 사람들의 입을 막으려고 명예훼손을 내세워 고소한 것에 대해, 학교에 대한 비판 활동이 「형법」상 명예훼손죄에 해당하지 않는다고 본 것이다.

미주

1부. 청소년은 독립할 수 없는가 – 민법과 아동복지법

1   대법원 2009. 1. 30. 선고 2008다73731 판결
2   대법원 2005. 4. 15. 선고 2003다60297, 60303, 60310, 60327 판결
3   대법원 2007. 11. 16. 선고 2005다71659, 71666, 71673 판결
4   대법원 1970. 2. 24. 선고 69다1568 판결
5   3과 같음
6   대법원 1998. 5. 15. 선고 98도690 판결
7   대법원 2002. 2. 8. 선고 2001도6468 판결
8   의정부지방법원 2017. 7. 13. 선고 2017고합133 판결

2부. 보호인가 통제인가 – 청소년 보호법과 소년법

9   "문화연대, 청소년보호법 폐지 운동 전개", 〈오마이뉴스〉, 2000년 9월 28일
10   헌법재판소 2014. 4. 24. 선고 2011헌마659, 683 판결
11   대법원 2014. 6. 12. 선고 2013도6345 판결
12   헌법재판소 2000. 6. 29. 선고 99헌가16 판결
13   헌법재판소 2011. 10. 25. 선고 2011헌가1 판결
14   서울고등법원 2016. 4. 22. 선고 2016도146 판결
15   국가인권위원회, 〈형사미성년자 기준 연령 등에 관한 의견표명〉, 2018년 11월 26일

16 헌법재판소 2004. 10. 28. 선고 99헌바91 판결

17 서울북부지방법원 2019. 7. 26. 선고 2019노670 판결

18 헌법재판소 2003. 6. 26. 선고 2002헌마 677 판결

19 서울시교육청 학생인권옹호관 학생인권침해 구제신청 16-065

20 Arnold v. Carpenter, 459 F.2d 939(7th Cir, 1972)

21 국가인권위원회, 〈학생 두발 제한 관련 제도 개선 권고〉, 2005년 6월 27일.

22 국가인권위원회 2020. 6. 30. 결정 19진정083570·19진정08420·19진정 08520·19진정
    085230(병합)

23 국가인권위원회 2019. 5. 27. 결정 18진정0205500 등

24 서울특별시교육청 학생인권옹호관 권고 2016-14

25 New Jersey v. T. L. O, 469 U.S. 325, 105 S. Ct 733(1985)

26 국가인권위원회 2007. 1. 15. 결정 06진인2030

27 국가인권위원회 2019. 4. 29. 결정 18진정0157700, 18진정0531600

28 대법원 2010. 4. 22. 선고 2008다38288 판결

29 28과 같음

30 국가인권위원회, 〈학생의 산전·후 요양기관 보장을 위한 제도개선 권고〉, 2019년 9월 25일

31 국가인권위원회 2009. 7. 6. 결정 09진차535

32 서울고등법원 2008. 5. 8. 선고 2007나102467 판결

33 광주지방법원 2015. 9. 24. 선고 2015구합1038 판결

34 국가인권위원회 2018. 1. 31. 결정 17진정1026900

35 헌법재판소 2000. 4. 27. 선고 98헌가16 판결 등

4부. 안전하게 존중받으며 일할 수 있을까 - 근로기준법과 노동권

36 "노동 착취 남미 어린이들 '아동 노조' 조직", 〈경향신문〉, 2011년 11월 17일
37 대법원 1981. 8. 25. 선고 80다3149 판결
38 국가인권위원회, 〈청소년 노동인권 보호를 위한 법령 및 정책 개선 권고〉, 2010년 3월 22일
39 대법원 2018. 4. 26. 선고 2016두49372 판결
40 39와 같음
41 이준희(2019), 《직장에서의 괴롭힘》, 신조사.

5부. 정치는 어른들만 할 수 있나 - 공직선거법과 참여권

42 국가인권위원회, 〈선거권 연령기준 하향 촉구 국가인권위원장 성명〉, 2018년 2월 7일
43 국가인권위원회, 〈선거권 연령기준 관련 의견표명〉, 2013년 1월 17일
44 부산지방법원 2020. 08. 20. 선고 2020고합94 판결
45 김찬, "법의 이름으로 비웃지 마세요… 만 14살, 정치하기 딱 좋은 나이", 〈한겨레〉,
    2020년 11월 8일
46 부산고등법원 2020. 11. 4. 선고 2020노480 판결
47 헌법재판소 2017. 10. 26. 선고 2016헌마623 판결

이 책의 집필에 참여한 분들

기획

청소년활동기상청 활기

청소년인권운동의 활동 기반을 만들고, 운동에 활기를 불어넣기 위한 단체이다. 청소년인권활동가들과 단체들을 지원하고 활동을 연결하는 일을 하고 있다. 활동가들의 역량을 강화하기 위해 인권과 사회, 운동에 관한 여러 교육, 워크숍도 진행하며, 그 내용을 엮어 공유하기도 한다.

—

글쓴이

공현, 김경빈, 난다, 둠코, 조영선

—

감수

강정은

현재 비영리전업공익변호사단체인 사단법인 두루에서 아동·청소년의 권익을 옹호하는 활동을 하고 있다.

김희진

국제아동인권센터의 사무국장이자 변호사로서 아동을 위해, 아동과 함께 더 나은 세상을 만드는 옹호 활동을 하고 있다.

교육공동체 벗

교육공동체 벗은 협동조합을 모델로 하는 작은
지식공동체입니다. 협동조합은 공통의 목적을 가진 사람들이
모여서 만든 권력과 자본으로부터 독립된 경제조직입니다.
교육공동체 벗의 모든 사업은 조합원들이 내는 출자금과
조합비로 운영됩니다. 수익을 목적으로 하지 않기에 이윤을 좇기보다
조합원들의 삶과 성장에 필요한 일들과 교육운동에
보탬이 될 수 있는 사업들을 먼저 생각합니다.
정론직필의 교육전문지, 시류에 휩쓸리지 않는 정직한 책들,
함께 배우고 나누며 성장하는 배움 공간 등 우리 교육 현실에
필요한 것들을 우리 힘으로 만들고 함께 나누고 있습니다.

조합원 참여 안내

출자금(1구좌 일반 : 2만 원, 터잡기 : 50만 원)을 낸 후 조합비(월 1만 5천 원 이상)를 약정해
주시면 됩니다. 조합원으로 참여하시면 교육공동체 벗에서 내는 격월간 교육 전문지 《오늘
의 교육》과 조합 통신을 받아 보실 수 있습니다. 출자금은 종잣돈으로 가입할 때 한 번만 내
시면 됩니다. 조합을 탈퇴하거나 조합 해산 시 정관에 따라 반환합니다. 터잡기 조합원은 벗
의 터전을 함께 다지는 데 의미와 보람을 두며 권리와 의무에서 일반 조합원과 차이는 없습
니다. 아래 홈페이지나 카페에서 조합 가입 신청서를 내려받아 작성하신 후 메일이나 팩스
로 보내 주세요.

홈페이지	communebut.com
카페	cafe.daum.net/communebut
이메일	communebut@hanmail.net
전화	02-332-0712
팩스	0505-115-0712

교육공동체 벗을 만드는 사람들 ※ 하파타순

후쿠시마 미노리, 황지영, 황정일, 황정원, 황이경, 홍윤호성, 황영ㅡ, 황봉희, 황규선, 황고운, 홍지영, 홍정인, 홍순성, 홍세화, 홍성근, 홍성구, 현복실, 현미열, 허창수, 릭윤영, 허성실, 허성균, 허보영, 허광영, 함점순, 함영기, 한학범, 한채민, 한지혜, 한은옥, 한송희, 한소영, 한성찬, 한석주, 한민혁, 한간중, 한낱, 한길수, 한경희, 하주현, 하정호, 하정필, 하인호, 하승우, 하승수, 하순배, 탁동철, 최희성, 최현숙, 최진규, 최주연, 최정윤, 최정아, 최은정, 최은숙, 최은경, 최윤미, 최원혜, 최우성, 최연희, 최연정, 최승훈, 최승복, 최수옥, 최선영, 최선경, 최봉선, 최보람, 최병우, 최미영, 최류미, 최대현, 최기호, 최광용, 최경미, 최경련, 최경토, 채효정, 채종민, 채민정, 차종숙, 차용훈, 진현, 진주형, 진웅용, 진영준, 진냥, 지정순, 지수연, 주순영, 조희정, 조형식, 조현민, 조헌미, 조해수, 조진희, 조지연, 즈준혁, 조주원, 조정희, 조응현, 조윤성, 조원희, 조원배, 조용진, 조영현, 조영옥, 조영실, 조영선, 조여은, 조여경, 조성희, 조성실, 조성배, 조성대, 조석현, 조석영, 조남규, 조경애, 조경아, 조경삼, 조경미, 제남모, 정희영, 정홍윤, 정혜령, 정현숙, 정혜레나, 정춘수, 정진영a, 정진영b, 정진규, 정종헌, 정종민, 정재학, 정이든, 정은희, 정은주, 정은균, 정우진a, 정유진b, 정유숙, 정유섭, 정원탁, 정원석, 정용주, 정예슬, 정보라, 겸미숙a, 정미숙b, 정명옥, 정명영, 정득년, 경대수, 정남주, 정광호, 정광필, 정광일, 정관모, 정경원, 전혜원, 전정희, 전유미, 전세룬, 전보애, 전병기, 전민기, 전미영, 전명훈, 전난희, 장현주, 장주연, 장인하, 장은정, 장윤영, 장원영, 장시준, 장상욱, 강병훈, 장병학, 장병순, 장근영, 장군, 장경훈, 임혜정, 임향신, 임한철, 임지영, 임중혁, 임종길, 임정은, 임전수, 임수견, 임성빈, 임선영, 임상진, 염민자, 임덕연, 임경환, 이희옥, 이희연, 이효진, 이호진, 이혜정, 이혜린, 이쳔, 이혁규, 이탹숙, 이한진, 이태영, 이충근, 긔진혜, 이진주, 이지혜, 이지향, 이지영, 이지연, 이중석, 이주희, 이주영, 디종은, 이정희a, 이정희b, 이재익, 이재은, 이재영, 이재숙, 이재두, 이임순, 이인사, 이은희a, 이은희b, 이은향, 이은진, 이은주, 이은영, 이은숙, 이윤엽, 이윤승, 여윤선, 이윤경, 이유진a, 이유진b, 이원님, 이용환, 이용석, 이용기, 이영화, 이영혜, 이영주, 이영아, 이연진, 이연주, 이연숙, 이연수, 이승헌, 이승태, 이승아, 이슬기a, 이슬기b, 이수정a, 이수겸b, 이수연, 이주미, 이성희, 이성호, 이성채, 이성숙, 이성수, 이설희, 이선표, 이선영, 이선애a, 이선애b, 이선미, 이상훈, 이상화, 이숭직, 이상원, 이상미, 이상대, 긔병준, 이병곤, 이범희, 이민아, 이미옥, 이미숙, 이미라, 이문영, 이명훈, 이명형, 이동철, 이동준, 이덕주, 이다연, 이남숙, 이난영, 이나경, 이기규, 이근희, 이근철, 이근영, 이광연, 이계삼, 이경화, 이경흔, 이경욱, 이경언, 이경림, 이견희, 이건진, 윤희연, 윤홍은, 윤지형, 윤종원, 윤우람, 윤영훈, 윤영백, 윤수진, 윤상혁, 윤병일, 윤규식, 유효성, 유재을, 유영길, 유수연, 유병준, 위양자, 원지영, 원윤희, 원성제, 우창숙, 두지영, 우완, 우수경, 우새롬, 오중근, 오정오, 오재홍, 오은정, 오은경, 오유진, 오수진, 오세희, 오민식, 오명환, 오동석, 염정신, 여희경, 여태전, 엄창호, 엄재홍, 엄기옥, 양해준, 양지선, 양은주, 양은숙, 양영희, 양애정, 양선형, 양선아, 양서영, 양상진, 안효빈, 안찬원, 안지윤, 안준철, 안정선, 안옥수, 안영신, 안영빈, 안순억, 심은보, 심우향, 심승희, 심수환, 심동우, 심나은, 심경일, 신혜선, 신충일, 신창호, 신창복, 신중휘, 신중식, 신은정, 신유준, 신소희, 신성연, 신미정, 신미옥, 송호영, 송혜란, 송한별, 송정은, 송인혜, 송용석, 송승훈, 송명숙, 송근희, 송경화, 손현아, 손진근, 손정란, 손은경, 손성연, 손민정, 손미승, 소수영, 성현석, 성유진, 성용혜, 성열관, 설은주, 설원민, 선휘성, 선미라, 석옥자, 석갼순, 서혜진, 서태성, 서지연, 서정오, 서인선, 서은지, 서우철, 서예원, 서명숙, 서강선, 상형규, 변현숙, 변나은, 백현희, 백승범, 배희철, 배주영, 빼정현, 배이상헌, 배영진, 배아영, 배성연, 배경내, 방득일, 방경내, 반영진, 박희진, 박흐영, 박효정, 박효수, 박환조, 박혜숙, 박혜린, 박형진, 박형일, 박현희, 박현숙, 박춘애, 박춘배, 박철호, 박진환, 박견수, 박진교, 박지희, 박지홍, 박지인, 박지원, 박중구, 박정미, 박재선, 박은하, 박은아, 박은경, 박용변, 박옥주, 박독균, 박영실, 박연지, 박신자, 박수진, 박수경, 박성규, 박복선, 박미희, 박미옥, 박명진, 박명숙, 박동혁, 박도정, 박대정, 박노해, 박내현, 박나실, 박기웅, 박고형준, 박경화, 박경이, 박건형, 박건진, 민병성, 문용석, 문영주, 문순옥, 문ㅡ현, 문수영, 문수경, 문성철, 문명숙, 문경희, 모은정, 맹수용, 마승희, 류창모, 류정희, 류재향, 류우종, 류명숙, 류태현, 류경원, 도정철, 도방주, 데와 타카유키, 노영헌, 노경미, 남효숙, 남정민, 남은정, 남윤희, 남원호, 남에린, 남미자, 남궁역, 나규환, 김희정, 김희옥, 김홍규, 김훈태, 김효미, 김홍규, 김혜진, 김혜영, 김혜림, 김형렬, 김현진a, 김현진b, 김현주a, 김현주b, 김현영, 김현실, 김헌택, 김헌용, 김해경, 김필임, 김태훈, 김태원, 김찬우, 김찬영, 김찬, 김진희, 김진숙, 김진, 김지훈, 김지운, 김지연a, 김지연b, 김지안, 김지미, 김지광, 김중미, 김준연, 김주영, 김종헌, 김종진, 김종원, 김종옥, 김종성, 김종선, 김정식, 김정삼, 김재황, 김재현, 김재민, 김임곤, 김일규, 김인순, 김이든, 김이민경, 긷은해, 김은파, 김은식, 김은숙, 김윤주, 김윤우, 김원예, 김원석, 김용훈, 김용양, 김용만, 김요한, 김영희, 김영진a, 김영진b, 김영주a, 김영주b, 김영아, 김영삼, 김영모, 김연정a, 김연정b, 김연일, 김연미, 김아현, 김순천, 김수현, 김수진a, 김ㅡ진b, 김수정a, 김수정b, 김수연, 김수경, 김소희, 김소혜, 김소영, 김세호, 김성탁, 김성숙, 김성보, 김선희, 김선철, 김선우, 김선미, 김선구, 김석구, 김서화, 김서영, 김상희, 김상정, 김상윤, 김봉석, 김보현, 김보경, 김병희, 김병훈, 깁병기, 김범주, 김민희, 김민선, 김민곤, 김민결, 김미향, 김미진, 김미숙, 김미선, 김문옥, 김무영, 김묘선, 김명희, 긥명섭, 김동현, 김동일, 김동원, 김도석, 김다희, 김다영, 김남철, 김나혜, 김기훈, 김기웅, 김기언, 김규태, 김규빛, 김광민, 김고종호, 김경일, 김경미, 김가연, 기세라, 금현옥, 금명순, 권혜영, 권혁천, 권태윤, 권자영, 권미지, 국찬석, 구자숙, 구원회, 구완회, 구수연, 구본희, 구미숙, 광흠, 곽혜영, 곽현주, 곽진경, 곽노현, 곽노근, 공현, 공영아, 고춘식, 고진선, 고은경, 고윤정, 고영주, 고옅실, 고병헌, 고병연, 고민경, 강화정, 강현주, 강현정, 강한아, 강태식, 강준희, 강인성, 긴이진, 강은영, 강윤진, 강영일, 강영구, 강수미, 강수돌, 강성규, 강석도, 강서형, 강미정, 강경모 2023년 7월 12일 기준 726명

※ 이 책의 본문은 재생 용지를 사용해서 만들었습니다.